| 主体 | 行为 | 监督 | 刑事责任 |

国家工作人员
法律常识案例读本

蔡慧永 刘双玉 / 主编

GUOJIA GONGZUO RENYUAN
FALU CHANGSHI ANLI DUBEN

法官说法丛书

中国法制出版社
CHINA LEGAL PUBLISHING HOUSE

总序

TOTAL ORDER

全民普法，是中国特色社会主义法治建设的一个显著特色。自1985年党和政府颁布《关于向全体公民基本普及法律常识的五年规划》以来，对亿万民众的法治宣传教育已经进入到第七个五年规划阶段（2016—2020年）。如此规模宏大、持续不断的普法进程，古今中外，史无前例。

党的十八届四中全会以“全面依法治国”为主题，要求“坚持把全民普法和守法作为依法治国的长期基础性工作，深入开展法治宣传教育”；十八届五中全会进一步要求“弘扬社会主义法治精神，增强全社会特别是公职人员尊法学法守法用法观念，在全社会形成良好法治氛围和法治习惯”；十九大报告更是以“提高全民族法治素养”的高度，强调“全面依法治国是国家治理的一场深刻革命，必须坚持厉行法治，推进科学立法、严格执法、公正司法、全民守法”。同时，习近平总书记还多次强调“领导干部要做尊法学法守法用法的模范”，要求法治宣传教育“要创新宣传形式，注重宣传实效”，为法治宣传教育工作指明了方向，提供了基本遵循。随着中国特色社会主义建设进入新时代，深入开展法治宣传教育、加大全民普法力度、增强全民法治观念，具有日益重要而深远的现实意义。

法官普法，正是在这样一个历史背景下，成为了新时代法治建设的责任和使命。自党的十八届四中全会明确提出国家机关“谁执法谁普法”的普法责任，中共中央办公厅、国务院办公厅于2017年5月17日印发并实施《关于实行国家机关“谁执法谁普法”普法责任制的意见》（以下简称《意见》），为健全普法宣传教育机制，落实普法责任，提出了纲领性的指引。普法责任不再仅仅局限于各级各地的司法行政部门，更是成为所有国家机关和公务人员的公共责任。这其中，人民法院和人民法官，作为法律的实际解释者和案件的具体裁判者，既责无旁贷，也是最佳人选。《意见》提出“建立法官、检察官、行政执法人员、律师等以案释法制度”，法官首当其冲。

法官普法，以案释法，正是本着这一主旨。《法官说法丛书》总编委会积极探索普法形式和内容的创新与突破，努力为“七五普法”、新时代社会主义法治建设贡献一份力量！

与中国的普法和法治进程相伴，《法官说法丛书》是一个系列丛书。本期出版的是第一批，总计六本，包括《公民法律常识案例读本》《农村居民法律常识案例读本》《国家工作人员法律常识案例读本》《职场法律常识案例读本》《校园法律常识案例读本》《安全生产法律常识案例读本》。

尽管是初创，丛书涉及方面之广，组织作者之多，都已极其难得。在法院领导的支持下，参与编写的北京市西城区人民法院、北京市房山区人民法院法官共102人，编写案例126篇。该期丛书从六个具体方面，通过“以案释法”的形式，以案例作为普法载体，将概括、抽象的法律条文生动化、具体化，通过说身边事、育身边人，有针对性地进行法律知识的普及。并且在帮助人民群众正确理解和遵守法律的同时，培养公民的法律素养和法律信仰，塑造公民的法治观念。

在每一个具体法律问题的讲解中，本丛书各分册均统一遵循案情回顾、法理分析、知识拓展和普法提示的编排体例，由表及里、深入浅出。在内容上，丛书力求将案例分析与理论阐述紧密结合，甄选的案例聚焦时下热点话题，紧密贴合执法实际。对案例的评析以解读相关法律条款为基础，但又不局限于此，尽可能地结合法律原理、原则、精神、目的等进行更为深入的阐释，以期为读者提供更为准确的行为指引和更为丰富的法律知识补给，为维护和谐安定的社会环境和推动我国法治进程贡献自己的力量。

值此中华人民共和国成立七十周年、“七五普法”收官之际，我们谨以此套丛书献礼祖国！

《法官说法丛书》总编委会

2019 年 7 月

序

PREFACE

党的十八大提出了到2020年法治政府基本建成的奋斗目标，《法治政府建设实施纲要（2015—2020年）》为法治政府的建成明确了总体要求、主要任务和具体措施。党的十九大开启全面依法治国的新时代，再次强调建设法治政府，推进依法行政，严格规范公正文明执法。法治政府建设是国家治理的重要环节，是关系到国家长治久安、经济健康发展、社会安全稳定、人民生活幸福的战略安排。

法治政府建设有赖于科学完善的良法供给、公平正义的司法监督、守法信法的社会文化，更有赖于行政机关及工作人员法治理念的树立、法治思维的养成以及法治方式的运用。

为了丰富广大国家机关工作人员的行政法理论知识、提升执法水平、优化执法效果，北京市西城区人民法院组织多名从事审判一线或审判研究工作的干警，以西城区丰富的行政案件资源为依托，选取改编二十则真实案例，通过案例分析的方式对行政执法中的若干重点问题进行解读，以引导行政机关工作人员依法全面、审慎高效地履行手中的职权，切实保障公民、法人或其他组织的合法权益，增强政府的公信力。

全书共分为四章，分别为主体、行为、监督和刑事责任，总体上按照行政权力为谁所有、行政权力怎样行使、行政权力如何监督、违法行权承担何种责任的逻辑结构谋篇布局，将行政执法中的主要问题予以体系化呈现。而在每一个具体问题的讲解中，本书统一遵循案情回顾、法理分析、知识拓展和普法提示的体例，由表及里、深入浅出。在内容上，本书力求将案例分析与理论阐述紧密结合，书中甄选的案例聚焦时下“拆违”“政务公开”“反腐”等热点话题，紧密贴合执法实际。对案例的评析以解读相关法律条款为基础，但又不局限于此，而是尽可能地结合法律原理、原则、精神、目的等进行更为深入的阐释，以期为读者提供更为准确的行为指引和更为丰富的法律知识补给。

徒法不足以自行，法律的生命力在于实施，而法律的实施又在于每一个具体法律执行者，希望这本普法教材能为广大国家机关工作人员增强法治观念，提升执法质量和水平贡献一份力量。囿于视角和资料所限，本书不妥之处敬请批评指正！

《国家工作人员法律常识案例读本》编委会

2019 年 7 月

目录

CONTENTS

第一章 主 体

第二章 行为

第一章

主　体

案例一

行政主体资格

——行政机关在行政程序和行政诉讼中的主体资格

万凌寒[①]

行政主体是参加行政法律关系，依法拥有行政职权，以自己名义行使行政职权，并能独立为自己的行政行为产生的后果，承担相应法律责任的国家行政机关或社会组织。本章主要涉及行政机关在行政程序和行政诉讼中的主体资格。

案情回顾

（一）卫全接连两次向国土部门申请相同内容的信息公开申请，行政机关作出两次内容相同的信息公开答复，复议机关和法院如何进行审查

2016年1月1日，卫全向市国土局顺利分局提交政府信息公开申请，申请获取的信息名称是：顺利县成功公司的国用（证）字第001号土地证。在信息公开申请表的特征描述一栏里，卫全填写了顺利县成功公司，国用（证）字第001号土地证的出让合同、出让金发票复印件。市国土局顺利

① 北京市西城区人民法院行政庭法官。

分局于当日就向卫全出具了登记回执，并受理了卫全的申请。2016 年 1 月 18 日，市国土局顺利分局作出（2016）第 001 号《政府信息答复告知书》，加盖了顺利分局的公章，并现场向卫全进行了送达。

这个案例的第一次答复是：经查，您所查询信息，本机关不存在。根据《政府信息公开条例》第二十一条第三项的规定，现告知您要求公开的政府信息本机关不存在。您申请公开顺利县成功公司的国用（证）字第 001 号土地证的出让合同、出让金发票复印件。经查阅该土地的历史档案，该宗土地不是国有出让土地，因此没有出让合同、出让金发票，您要求公开的政府信息不存在。

卫全收到这份答复后，显然是不满意的，向市政府提起了行政复议，先告诉大家结果，市政府最终撤销了这份答复告知书。虽然打赢了这场官司，但卫全并没有因此而获得他想要的政府信息。于是他再次向国土部门提起了政府信息公开申请，申请获取的信息内容与上一次完全一致，唯一不一样的是，在这一次申请中，卫全是向市国土局提出的申请。市国土局收到了卫全的申请后，将这份申请交给顺利分局进行办理和答复。而顺利分局收到转办材料后，发现卫全的这次申请与上一次申请内容完全一致，于是再次作出了与上次答复内容同样一致的政府信息公开答复。随后，将这份答复呈交给市国土局。市国土局经过审查，认为答复内容没有问题。于是，将这份答复加盖了市国土局的公章，向卫全进行了送达。卫全收到答复后，向法院提起了行政诉讼，这一次，法院判决驳回了卫全的诉讼请求。

那么同样两次内容相同的信息公开申请，行政机关作出了两份内容相同的答复，为什么复议机关和法院的裁判结果不一样？下面我们来介绍一下这两个案件的审理过程。

（二）审理过程

我们先来看看行政复议程序中的第一次答复：

在行政复议程序中，申请人卫全诉称，他提交了相关信息的资料、坐标位置等详细信息，但顺利分局没有按照其申请公开的内容依法予以公开，侵犯了他的合法权益。于是提起行政复议，请求撤销顺利分局作出的政府信息公开答复书，并要求顺利分局依法公开其所需要的信息。

被申请人市国土局辩称，其下属顺利分局收到卫全的政府信息公开申请后，查阅历史档案后发现，卫全申请公开的信息，涉及顺利县成功公司于2000年1月1日向顺利县政府提交《国家建设用地呈报表》，取得征地手续。2000年2月1日，成功公司取得《国家建设用地批准书附件》及供地手续。在档案中，没有查到卫全要求公开的“出让合同、出让金发票”。卫全的请求，没有事实依据和法律依据，请求驳回卫全的复议请求。

再来看看行政诉讼中的第二次答复：

卫全的诉讼请求和理由与行政复议案件中的申请内容完全一致，这里就不再重复叙述了。

被告市国土局在诉讼中答辩称：我局收到卫全的政府信息公开申请后，认为卫全的政府信息公开申请内容涉及其下属的顺利分局辖区范围，于是将卫全的申请转交给顺利分局办理。顺利分局经过查阅历史档案，没有查到卫全要求公开的“出让合同、出让金发票”，随后作出信息公开答复，并呈交我局。据此，我局作出了信息公开答复并依法进行了送达。卫全的诉讼请求没有事实依据和法律依据，请求法院判决驳回卫全的诉讼请求。

我们回到之前的那个问题，为什么同样的申请人、同样的申请内容和同样的被申请人和被告、同样的答复内容，复议机关和法院会作出不一样的裁判结果？通过卫全信息公开案的案情和审理过程的介绍，我们发现，在这两个案件中，有两个值得思考的问题：第一个问题，在第二次答复中，答复机关和行政诉讼中的被告均为市国土局。为什么在第一次答复中，答复机关是顺利分局，而复议程序中的被申请人却是市国土局呢？第二个问题，两个案件中作出政府信息公开答复的行政机关不同。作出第一次答复的行政机关是市国土局顺利分局，第二次答复中的作出机关是市国土局。这是不是就是造成复议结果和诉讼裁判结果不同的原因呢？

在对第一次答复的复议程序中，复议机关认为，顺利分局作为市国土局的派出机构，没有法律、法规、规章授权，无权以自己的名义对卫全的申请作出答复并加盖顺利分局公章，顺利分局的行为违反法律法规规定，因此，复议机关撤销了顺利分局作出的信息公开答复书。

在对第二次答复的行政诉讼程序中，法院认为，依据《政府信息公开条例》的规定，市国土局作为被申请信息公开的行政机关，具有依相对人的政府信息公开申请作出相关行政处理的法定职责。市国土局已经尽到了法定的查找、说明义务，作出的政府信息公开答复，符合法律规定，内容恰当。因此，法院判决驳回了卫全的诉讼请求。

法理分析

（一）复议程序中谁是被申请人？诉讼程序中谁是被告？

根据相关国土资源管理体系、信息公开的法律法规的规定，市辖区国土资源分局是市国土资源主管部门的派出机构。对于申请人的政府信息公开申请，区国土资源分局能否以自己的名义作出答复还是只能以市国土局的名义作出答复，法律法规、规章中的规定并不那么明确。

当此类行为发生复议或诉讼时，应该以谁为被申请人或者以谁为被告，是存在争议的。具体到本案中，如果法律法规、规章没有授权市辖区国土资源分局可以作出政府信息公开答复行为，当事人对此类行为不服提起复议，由于《行政复议法》对此类情况下，应以谁为被申请人没有规定，但从行政诉讼法及司法解释中对此类行为不服提起行政诉讼的规定来看，应以设立该派出机构的机关为被告。那么，此类行为应视为设立该派出机构的机关的行为，可将设立该派出机构的机关列为被申请人。这两个案件中，市政府以市国土局为被申请人作出复议决定，以及以市国土局为被告提起诉讼，就行政主体这个概念而言，两者之间是不存在矛盾的。

如果法律、法规、规章已经授权顺利分局可以作出信息公开答复的行为，根据《行政复议法》第十五条第一款第二项规定，本案应以市国土局顺利分局为被申请人，向市国土局或市政府提出复议申请，那么市政府以市国土局为被申请人作出复议决定，就存在被申请人主体资格错列的问题。

（二）顺利分局能否以自己的名义进行信息公开答复

在很多涉及国土资源相关的案例中，市辖区的国土资源分局都是以自己名义对相对人的申请作出答复，那么我们就会当然认为市辖区的国土资源分局，作为行政机关，当然有权作出上述行为。但是，在行政诉讼中，当必须明确市辖区的国土资源分局作出上述行为的职权来源时，发现法律法规、规章并没有直接授权其可以作出信息公开答复行为，再深入研究发现，在法律地位上，其实市辖区的国土资源分局只是市级国土资源部门的派出机构。

我们来看看，最高人民法院颁布的最新的司法解释是怎么规定的，《最高人民法院关于适用〈中华人民共和国行政诉讼法〉的解释》第二十条规定，行政机关组建并赋予行政管理职能但不具有独立承担法律责任能力的机构，以自己的名义作出行政行为，当事人不服提起诉讼的，应当以组建该机构的行政机关为被告。法律、法规或者规章授权行使行政职权的行政机关内设机构、派出机构或者其他组织，超出法定授权范围实施行政行为，当事人不服提起诉讼的，应当以实施该行为的机构或者组织为被告。没有法律、法规或者规章规定，行政机关授权其内设机构、派出机构或者其他组织行使行政职权的，属于《行政诉讼法》第二十六条规定的委托。当事人不服提起诉讼的，应当以该行政机关为被告。

通读条文内容，可以看出，行政机关的派出机构只有在法律、法规、规章授权的情况才可以以自己的名义作出行政行为，否则应认定为没有法定权限的无效行为。所以这两个案件中看似矛盾的地方就有了法律的解释，那就是现有法律法规、规章没有授权市辖区的国土分局在信息公开中可以作出相应答复的行政行为。

知识拓展

前面我们已经谈到，行政复议法对没有法律法规授权的行政机关以自己名义作出的行政行为，应以谁为被申请人，并没有明确规定。我们也谈到行政诉讼法和司法解释对此却有相应的规定。可见，确定行政行为的实施主体，以及谁是被申请人或者谁是适格被告，在行政复议、行政诉讼中，至关重要。下面我们说一说在现行的行政法体系中，行政主体的概念。

（一）行政主体的定义

什么是行政主体？简单地说，在中国行政法领域的行政主体，就是指具有国家行政权力，能以自己的名义从事行政行为，并能独立地承担由此所产生的法律责任的组织。包括：行政机关、法律法规授权的组织以及受行政机关的委托从事行政管理工作的组织。

这些组织，具体来讲，可以分为以下三类：

第一类是中央机关，包括：国务院；国务院各部委；国务院直属机构，如工商总局、税务总局；国务院部委管辖的二级机构；国务院办事机构，如国务院办公厅。

第二类是地方机关，包括：省、县、乡（镇）三级地方人民政府；地方政府的派出机关，如街道办事处；地方政府职能部门。

第三类是其他行政主体，这里包括：职能部门设立的派出机构，如工商所、派出所；职能部门设立的经法律特别授权的内部机构，如日常生活中对违章停车进行行政处罚的交警大队；法律法规授权的组织。

（二）行政主体的特征

1. 行政主体是一种组织集合体而不是个体，个人是不能成为行政主体的。因此，行政复议与行政诉讼中，公务员个人不能作为复议被申请人或被告，而只能由行政主体充当。

2. 它依法拥有独立的行政职权。要么是宪法、组织法直接设定，要么是法律对有关组织进行授权。

3. 能以自己的名义行使职权，实施国家行政管理活动。“以自己名义”是指能用自己的名称对外发布文件，能用自己的名称对外作出行政处罚、行政许可等处理决定。

4. 能以自己的名义独立地承担行政行为所引起的法律后果，就是说，能由自己去充当行政复议的被申请人、行政诉讼的被告以及行政赔偿案件的赔偿义务机关。

可见，行政主体在行政程序中担负着重要角色，在行政诉讼中也不例外。在行政诉讼中，人民法院要对原告所诉的被告进行审查，确定适格的被告。下面我们谈一谈，行政诉讼案件中，也就是民告官案件中，法院是如何处理谁来做这个适格的“官”的。

普法提示

根据现行《行政诉讼法》的规定，行政诉讼中的被告应具备以下条件：第一，被告是国家行政机关或者是法律法规授权的组织；第二，被告是行政法律关系中的一方当事人；第三，被告必须是以自己的名义作出行政行为的行政主体。

《行政诉讼法》第二十六条作了明确的规定，在最新的司法解释中，也有更为详细的规定，通过这些规定，我们可以得出一个结论，那就是，当事人提起诉讼时，被告应当是明确的。

但在目前的司法环境下，有的当事人往往只知道到法院告状，却不知道应该告谁，或告的对象不对。为了使行政争议得到及时解决，在审判实践中，不同法院对被告不适格的做法不一样，通常的做法是裁定不予受理，或者驳回起诉。

1. 对于在诉讼期间法院发现原告所诉的被告不适格时如何进行处理，行政审判实践中法院有严格的程序，对于符合立案条件的起诉，法院应当予以立案。在审判实践中，对于被告不适格的问题，法院有以下处理方式：

第一，追加被告。这种情形主要指，原告在起诉状中列明的被告不全，根据案情的需要应当追加相应的被告的，法院应当通知相应的行政机关参加诉讼。比如，在复议维持的复议双被告案件中，原告起诉时遗漏了原行政行为机关或者复议机关；又或者，原告对于两个或两个以上的行政机关作出的同一行政行为不服时，只将其中一个机关作为被告进行行政诉讼，法院应当追加其他共同作出该行为的机关参加诉讼，作为共同被告。

第二，减少被告。这种情况主要出现在，原告在起诉状中列明的多个被告中，有与被诉行政行为无关的机关，他就不应成为被告。法院应当通知原告减少不适格的被告。对于多个行政机关联合执法引发的行政诉讼，如果是由一个机关作出处罚，而原告坚持将联合执法的所有机关列为被告时，法院经过审查，能够排除与被诉行政行为没有关系的，应当通知原告减少不适格的被告，从而确认适格的被告。

第三，变更被告。这种情形主要发生在，受委托的组织行使行政职权引发的行政诉讼。根据行政诉讼法的规定，法律、法规授权作出行政行为的组织是被告。相反，说明某些非行政主体必须有法规以上的授权，方能作为。如果执法机关的执法权限属于规章以下授权的，那么委托机关应当作为被告。目前，受行政机关委托的种类很多，如公安、交通、卫生、防疫、规划、市容、工商等均有这种情况。不论受委托人是以自己的名义，又或者以委托人的名义作出行政行为时，后果都应当由委托人来承担。比如，某街道办事处对小白作出拆除违法建设决定，小白不服，以该街道办事处为被告向法院起诉，要求法院撤销该决定。经审查，该街道办事处的上述行为是受区政府的委托进行的，法院应通知小白更换适格被告，以区政府为被告进行诉讼。同时，变更被告的情形，还可能发生在行政机关的合并、撤销的情况中。行政机关依法合并或撤销，应当由承担义务的行政机关来承担责任。近年来，土地、房管、规划部门存在合并、分立、又合并的情况。其中，涉及相关部门的诉讼时，应当由分立或合并后的机关来承担其行政职责及权限。对于原告以合并或分立以前的机关为被告进行诉讼的，法院应当在审查之后，通知原告变更合并或分立之后的机关为被告。

2. 通过上面的讲解，我们知道，不管提起什么诉讼，原告向法院起诉，应当指明具体的被告，否则，法院是不予受理的。诉讼中，以上情形的适格被告的变化是否需要征得原告的同意呢？

《最高人民法院关于适用〈中华人民共和国行政诉讼法〉的解释》第

二十六条规定，原告起诉的被告不适格，人民法院应当告知原告变更被告，而原告不同意变更的，裁定驳回起诉。可见“征得原告的同意”也是有底线的：

在错列被告的情况下，变更时，必须征得原告的同意。若原告坚持不变更时，可以认定被告的主体资格与所诉的具体行政行为不符，裁定驳回原告的起诉。

需要追加被告的情况下，应当追加被告而原告不同意追加的，人民法院应当通知其以第三人的身份参加诉讼，但复议机关作为共同被告的除外。

需要减少被告的，若原告不同意法院的减少被告的意见时，法院不宜适用裁定的形式驳回起诉。原告在诉讼过程中依法享有处分其诉讼权利的自由，原告不同意减少被告，法院应当就原告所诉的行政行为与适格的被告进行审查，在明确被诉行政行为正确与否的前提下，在判决书中将为什么减少被告叙述清楚，讲明原告不同意减少被告于法无据的理由，在判决主文中首先明确维持或撤销或部分撤销或改变被诉行政行为，然后再驳回原告的该项诉讼请求。

案例二

公务员

——《公务员法》中的相关法律问题

刘丰[①]

《中华人民共和国公务员法》[②]（以下简称《公务员法》）于2006年1月1日起施行，规定了10种制度分别为：职位分类制度、录用制度、考核制度、任免制度、职务升降制度、奖惩制度、培训制度、交流制度、回避制度、申诉控告制度。

国家公务员制度是指通过制定法律和规章，依法对行使国家行政权力、执行国家公务的人员进行科学管理的一种人事制度。建立和推行国家公务员制度是我国干部人事制度的重大改革。我国的国家公务员制度是根据我国的国情建立的，有以下几项特点：一是坚持和体现党的干部路线和方针；二是坚持党管干部的原则，坚持党的领导；三是公务员的任用坚持任人唯贤、强调德才兼备、注重工作实绩；四是强调全心全意为人民服务的宗旨。

可以说，《公务员法》对于公务员的选拔、录用、考核、晋升、任免等作出了细致的规定，对于各方面工作的开展起到了很强的规范、指引作用。有志成为一名公务员，首先就需要进行严格的考核选拔，其中就包括公务员笔试、面试等环节。由于公务员其身份及其所从事工作的特殊性，

① 北京市西城区人民法院行政庭法官。

② 该法已由中华人民共和国第十三届全国人民代表大会常务委员会第七次会议于2018年12月29日修订通过，自2019年6月1日起施行。

为此《公务员法》对公务员的录用、考试均有严格的规定，可以说有志于投身公务员事业的人员要经过严格的选拔、录用程序，才有可能实现加入公务员行列的愿望。而在此过程中存在的任何有违《公务员法》及相关考核、录用规定人员，也将受到相应的处理。

案情回顾

何大志不服A市人力资源和社会保障局对其所作公务员录用考试违纪违规行政处理行为案。

何大志报名参加了A市2015年度公务员录用考试。2014年11月30日，何大志在某考场参加了笔试。考试完毕后，A市人力资源和社会保障局委托承担录用考试的雷同试卷鉴定工作机构某考试安全研究中心，对所有考生的行政职业能力测验试卷进行雷同试卷鉴定。2014年12月19日，考试安全研究中心对何大志的行政职业能力测验试卷，作出同考场同排左右相邻雷同的鉴定结论。经A市2015年度考试录用公务员笔试阅卷工作领导小组认定并提出处理意见，A市人力资源和社会保障局对何大志作出“取消本次考试资格并5年内不得报考公务员的处理”。2014年12月30日，A市人力资源和社会保障局对何大志作出《公务员录用考试违纪违规行为告知书》，告知何大志上述处理决定。何达志不服向法院提起诉讼，要求撤销该告知书。

法院经审理查明的重要事实为：何大志的行政职业能力测验试卷的答题结果与其左右相邻的考试人员的答题结果存在雷同的情形，相关鉴定结论真实、有效、合法。

法院认为，何大志的行政职业能力测验考试的试卷，经A市人力资源和社会保障局委托的雷同试卷鉴定机构鉴定，被认定为与同考场另两个考生的试卷属雷同试卷。A市人力资源和社会保障局根据此事实作出的处理结论，认定事实清楚、适用法律、法规正确。综上，法院判决驳回原告何大志的诉讼请求。

法理分析

（一）关于A市人力资源和社会保障局的相关法定职责

根据《公务员法》第二十二条的规定，A市人力资源和社会保障局负责该市公务员的录用工作，对公务员录用过程中违反考场纪律的人员，具有依法作出行政处理的行政职权。

（二）《公务员法》及相关法规关于招录公务员的规定

为建设高素质的公务员队伍，促进勤政廉政，提高工作效能，《公务员法》规定，公务员应当模范遵守宪法、法律、具有良好的品行、符合职位要求的文化程度和工作能力。公务员考录，是选拔、录用符合上述条件的人员进入公务员队伍的重要措施，更应严肃考录纪律，坚持依法考录、科学考录、安全考录。为此，中华人民共和国人力资源和社会保障部根据《公务员法》《公务员录用规定（试行）》的有关规定，制定了《公务员考试录用违纪违规行为处理办法》，以规范公务员考试录用违纪违规行为的认定与处理，严肃考试纪律，确保考试工作的公平、公正。根据《公务员考试录用违纪违规行为处理办法》第七条的规定，对于在公务员考试录用过程中有抄袭或协助抄袭的行为的，由公务员考试机构或招录机关给予其取消本次考试资格的处理，并记入公务员考试录用诚信档案库，记录期限为5年。

公务员考试录用公共科目笔试包括行政职业能力测验和申论两科，其中行政职业能力测验全部为客观性试题。此种考试形式评分标准统一、客观、准确，不受评卷人主观因素的影响，易于采用计算机等高科技手段阅卷，提高评卷速度、降低考试成本。但是，由于客观性试题是考生以填涂答题卡的形式答题，由此也出现了作弊现象。尤其是近年来，作弊手法越来越隐蔽，作弊者使用的设备越来越先进，考试作弊呈现出高科技化、集团化、产业化的趋势，对考试的公信力及社会的公平、公正造成影响。为应对此形势，雷同试卷甄别技术应运而生，并已成为各类主要考试甄别作弊行为的重要手段。针对公务员录用考试，A市人力资源和社会保障局亦在经专家组评估论证后，委托了某考试安全研究中心承担公务员录用考试的雷同试卷鉴定工作，并在每年对外公开发布的年度《考试录用公务员报考指南》及核发给每一名考生的《准考证》上明确告知：考试结束后，相关部门将采用技术手段对答卷进行雷同试卷甄别，被认定属同考场试卷雷同的，按照《公务员考试录用违纪违规行为处理办法》第七条的规定处理。据此，A市人力资源和社会保障局依照前款规定，给予何大志的处理，对于进一步加强对公务员考试录用作弊行为的查处力度，切实保障公务员考试录用工作的公平、公正，维护公务员考试的公信力，具有积极意义，且与《公务员法》《公务员考试录用违纪违规行为处理办法》的目的、原则并不相悖。

知识拓展

在全面建成小康社会和构建和谐社会的众多因素中，人是最为关键的因素。而其中的公务员缘于其独特的社会性质和社会责任又使其成为关键因素中的重中之重。为此对公务员的选拔、任用、管理等在《公务员法》

中都有相应体现。我们讲公务员是政府职能的微观载体，国家进一步深化改革，转变政府职能的重要基础依赖的应是公务员队伍的人才资源开发利用。如何有效激发公务员的人才潜能和对社会的义务，并充分实现公务员的社会价值和自我价值，是摆在社会各界尤其是政府人事部门面前亟待解决的问题。《公务员法》的颁布与实施，有效地推动了我国公务员队伍建设，激发了公务员的工作潜能。

（一）《公务员法》的制度创新

1. 公务员分类制度创新及其效应。1993 年以来，我国将公务员职务分为领导职务和非领导职务两大类，领导职务共 10 级，非领导职务从巡视员到办事员共 8 级。这实际上是一种没有职位类别区分的职务分类，公务员职业发展渠道过于单一。基层公务员晋级空间有限。《公务员法》规定，在非领导职务中增加"行政执法职务"和"专业技术职务"。行政执法职务是针对在行政执法类职位上履行职责的公务员设立的；专业技术职务是针对在专业技术类职位上履行职责的公务员设立的。实际上这是在划分职位类别基础上，重新设置公务员的职务。

《公务员法》还规定，按照职务与职级相结合的原则，规范职务与职级的对应关系。其目的是形成公务员"职务晋升"与"职级晋升"的"双轨制"，完善公务员激励保障机制。在实施职务晋升的同时，将级别晋升作为公务员晋升的又一条途径，并通过立法的形式确立职务与职级是确定公务员工资及其他待遇的依据，这实质是一种对公务员的人文关怀，也是"以人为本"理念的生动体现。

2. 公务员队伍更新制度创新及其效应。就如何高效地将素质全面、业务能力突出的非公务员人员引入公务员队伍，这关系到公务员队伍的整体质量和政府各项职能的完全实施。《公务员法》创设"聘任制"与"任期制"，这是对原国家公务员暂行条例的一次突破性创新，是公务员更新机制的一次历史性的变革。不同的职位区别对待，对一些专业性强和辅助性的职位实行聘任制，有利于增强公务员队伍的开放性和透明性，大大方便了机关吸纳优秀的人才特别是专业技术人才。

3. 公务员引入制度创新及其效应。创新公务员的引入形式，从立法的高度将“公开选拔”与“竞争上岗”确立为法定职务晋升方式，从一定程度上讲是法理发展的必然选择。确认“竞争上岗”作为选拔方式的法律地位，是公务员职务晋升制度质的飞跃，提升了公务员的责任感，促进了公务员队伍整体素质的提高。

4. 公务员管理制度创新及其效应。《公务员法》突出了对公务员的严格管理。首先明确了行为规则和考核、惩戒制度，细化了考核标准；规定了公务员基本义务、基本纪律，并对其进行严格考核；考核结果与公务员的职务升降，工资、奖金以及辞退相挂钩；对违反纪律者实施处罚，在加大“他律”力度的同时促进自律。

（二）《公务员法》的社会效应体现

1.《公务员法》有力保障了公务员的合法权益。在全面建成小康社会和构建和谐社会的过程中，强调将“以人为本”理念在公务员法中予以体现。将公务员的各项合法权益纳入制度化、法制化轨道，用法律的形式将公务员的合法权益落到实处。《公务员法》对此作了非常明细的规定，如公务员的八项基本权利；对公务员不利的人事处理决定，应以书面形式通知其本人；处分公务员须听取本人的陈述和申辩；公务员对涉及本人的人事处理决定不服时可提出申诉，并进一步扩大了申诉的范围，对省级以下机关的申诉还可以再申诉；公务员对侵犯其合法权益的机关及其领导人员可提出控告；等等。这些权益保障条款的实施，极大净化和保证了公务员正常的工作、生活空间。这对提高公务员的工作效率是大有益处。

2.《公务员法》更加体现了公务员管理的开放性。随着社会发展的不断变化，当前，公务员管理形式越来越呈现多样的态势，存在一定的管理难度。《公务员法》充分总结吸取过去公务员管理中的经验，强调以更开放的姿态引入有效的监督制约机制。这将促进越来越多的机构和公众参与决策并监督政府和公务人员的管理体制，真正体现公务员既服务于社会，又接受社会监督的本义。

3.《公务员法》促进了公务员能力的提高。实施和贯彻《公务员法》，也是提高公务员尤其是领导岗位上的公务员执政能力的重要手段。在新形势下，实施以提高公务员能力和规范公务员运作为核心的《公务员法》，就是要坚持党的领导，坚持全心全意为人民服务的理念，不断提高公务员的公共服务水平，不断提高其拒腐防变和抵御风险的能力，把人民的要求转化为公务员的实际行动，贯彻到公务员的各项工作中去。

普法提示

由于公务员的特殊身份和所从事的工作的特殊性，为此在《公务员法》《行政诉讼法》中有特殊的法律安排。

《公务员法》第十五章、第十六章是有关公务员纠纷解决机制的集中体现。其中，第十五章是在原《国家公务员暂行条例》第十六章的基础上修改而成的；第十六章“职位聘任”则是该法全新的规定。依照《公务员法》这两章的规定，有关公务员的纠纷解决分为两种途径：一是申诉控告；二是申请仲裁、提起诉讼。

依照《公务员法》第十五章、第十六章的规定，公务员纠纷解决的途径取决于公务员身份产生的方式。凡不属于聘任制产生的公务员，其争议属于“内部行政行为”，其解决纠纷的途径遵循“内部”方式——申诉控告；凡属于聘任制产生的公务员，由于其公务员身份产生的基础在于合同、聘任，其解决纠纷的途径类似劳动争议，先行仲裁，不服仲裁可以起诉。

与此相对应的《行政诉讼法》第十三条关于人民法院收案范围的规定是，行政机关对行政机关工作人员的奖惩、任免等决定不属于人民法院的受案范围。

第二章

行　为

案例一

行政立法

——行政立法相关的法律适用问题

万凌寒①

在我国，不仅最高国家权力机关享有立法权，而且最高国家行政机关和某些地方国家行政机关也可以制定行政法规、规章等规范性文件。行政机关在行政程序中正确、准确地适用法律依据是依法行政的基本要求。本节主要涉及行政立法相关的法律适用问题以及行政审判实践中法律适用规则和冲突解决规则。我们先通过一个案例来了解一下行政程序中的法律适用。

案情回顾

（一）退伍军人要求进行伤残等级评定，被法院裁定驳回起诉

2016年9月19日，王一向区民政局邮寄了挂号信，其中包括《评残申请书》及相关的证明材料。第二天，区民政局就收到了王一邮寄的信件。

2016年11月4日，区民政局向王一作出答复，答复内容是：王一提出的评定残疾等级的申请，应当向其所在单位提出书面申请；没有单位的，

① 北京市西城区人民法院行政庭法官。

应当向户籍所在地的街道办事处提出申请。在诉讼过程当中，区民政局向法院提交了书面答辩理由。在答辩状中，区民政局适用了《伤残抚恤管理办法》的第五条和第六条，作为对王一答复内容的法律适用依据，也就是区民政局不是接收评定材料的单位。

2016 年 11 月 17 日，王一不服区民政局作出的答复，向区政府申请行政复议，要求确认区民政局的答复违法。在复议程序中，区政府根据《军人抚恤优待条例》第五条、《北京市实施〈军人抚恤优待条例〉办法》第十二条的规定，认为区民政局具有处理认定残疾性质申请和补办评定残疾等级的法定职责。区民政局收到王一的申请后，根据相关条文规定向王一作出了书面答复，也没有违反评残事项的程序性规定，应视为区民政局已经履行了法定职责。最终，区政府作出复议决定，驳回了王一的复议申请。

（二）审理过程

原告王一诉称，多年来王一一直向区民政局提交材料反映诉求，并且依据《北京市实施〈军人抚恤优待条例〉办法》第十二条："本人应向户籍所在地的区、县民政部门提交材料"以及第十三条"应当在 5 个工作日内通知本人到指定医院进行残疾情况检查"的规定，区民政局作出的答复，适用法律错误，没有履行法定职责。在复议中，区民政局恶意隐匿了部分证明材料，区政府在区民政局没有提供任何证据的情形下，驳回了王一的复议申请。因此，向法院提起行政诉讼，诉讼请求第一项：要求确认区政府复议程序违法；第二项：要求确认区民政局不履行评定残疾等级的行为违法，请求法院责令区民政局履行为王一评残的法定职责。

被告区民政局辩称，王一常年多次到区民政局处信访，相关责任科室的工作人员已经多次详细地向其当面或书面进行了告知，并解释相关法律法规的规定。本次答复中，区民政局没有违法行为或者不当行为，请求法院驳回王一的诉讼请求。

被告区政府辩称，在收到王一信件后，区民政局已经作出了书面答复，履行了法定职责，并且作出的复议决定，事实清楚、程序合法、适用法律正确，请求法院驳回王一的诉讼请求。

公民、法人或者其他组织要求确认行政机关的行为违法的前提，是其要求的事项属于该行政机关的职权范围。那么本案中王一起诉要求确认区民政局不履行法定职责违法，并要求区民政局履行为王一评残的法定职责，同样应当满足这个前提条件。

我们来看相关法律法规是怎么规定的？《军人抚恤优待条例》第二十四条第一款第三项规定："退出现役的军人和移交政府安置的军队离休、退休干部需要认定残疾性质和评定残疾等级的，由省级人民政府退役军人事务部门认定和评定。"《伤残抚恤管理办法》第九条规定："省级人民政府民政部门对报送的材料初审后，认为符合条件的，逐级通知县级人民政府民政部门对申请人的评残情况进行公示……省级人民政府民政部门应当对公示的意见进行审核，在《评定、调整伤残等级审批表》上签署审批意见，加盖印章。对符合条件的，由民政部门办理伤残人员证……对不符合条件的，由民政部门填写《不予评定、调整伤残等级决定书》，连同医疗卫生专家小组出具的残疾等级医学鉴定意见（复印件）和申请人提供的材料，于收到材料之日起60个工作日内逐级退还申请人。"从上面的条文规定可以看出，被告区民政局并非省级人民政府民政部门和退役军人事务部门，不具有原告诉求所涉及的法定职责。因此，王一要求确认区民政局不履职行为违法的基础不存在。对于王一要求确认区政府复议程序违法的诉讼请求，因为原行政行为的基础不存在了，复议请求的基础也就不存在。综上，对于原告王一的起诉，法院裁定予以驳回。

法理分析

本案中两个行政机关在法律适用方面有问题吗?

这个案件，虽然法院以区民政局不具备法定职责为由裁定驳回了王一的起诉，并未能对相关退伍军人伤残评定程序进行实质审查，但是从区民政局的答复和区政府的复议决定中，法院对两个行政机关各自在行政程序中的做法，特别是法律适用方面是有不同理解的，事实上，在判后也向两个机关提出了自己的建议。

第一个问题:原行政行为作出机关与复议机关的法律适用完全不一致。在这个案件中，区民政局对于王一的答复是依据《伤残抚恤管理办法》，而区政府在复议决定中的依据是《军人抚恤优待条例》及《北京市实施〈军人抚恤优待条例〉办法》。无论是区民政局还是区政府，行政行为的作出应当是有权威性的，严谨的，那么，在处理同一请求并持同一处理意见时，在用哪一个条文上应当保持一定程度的统一。

第二个问题:对同一事项，法律法规有不同的规定，怎么办?《立法法》第九十五条第一款第三项规定:部门规章之间、部门规章与地方政府规章之间对同一事项的规定不一致时，由国务院裁决。在这个案件中，区民政局适用的依据为《伤残抚恤管理办法》，该规定是基于民政部令公布的，立法性质属于部门规章。区政府适用的依据为《军人抚恤优待条例》及《北京市实施〈军人抚恤优待条例〉办法》，前者是基于国务院和中央军事委员会令公布的，立法性质为有关国防建设的行政法规;后者基于北京市人民政府令公布，立法性质为地方政府规章。而《伤残抚恤管理办法》与《北京市实施〈军人抚恤优待条例〉办法》中规定的，接收评定残疾等级申请材料的机构并不一致。

《伤残抚恤管理办法》第五条是这么规定的，接受申请评定残疾等级材料的机构为申请人所在单位，没有单位的，向户籍所在地的街道办事处或者乡镇人民政府提出书面申请。而《北京市实施〈军人抚恤优待条例〉办法》第十二条也是这么规定的，接受申请评定残疾等级材料的机构为申请人户籍所在地的区、县民政部门。

可见，在这个案件中，区民政局和区政府在法律适用时，对于法律适用条文规定不一致的，应当严格按照《立法法》规定的程序，来确定到底该用哪条法，而不是各自按照自己的理解决定条文的适用，这个案件中，区民政局和区政府在行政程序中虽然意识到这个问题，但是都没有做到发现问题及时解决。

知识拓展

（一）什么是行政法中的法条竞合?

"法条竞合"是刑法上的概念。参照刑法有关规定，对行政法上的法条竞合，可以这样定义：法条竞合是指一个行政行为被数个行政法律法规条文的效力所羁束，依法只能适用一个法条规定进行处理的情况。法条竞合的表现形式主要有以下两种：一是不同法律法规之间的法条竞合；二是同一法律法规之中的法条竞合。上面的案例就是不同法律法规之间的竞合。

（二）我国的行政立法

宪法规定，国家立法权由全国人大及其常委会行使，同时还规定国务院可以根据宪法和法律制定行政法规，国务院各部、各委员会可以根据法律和行政法规制定部门规章。地方组织法又规定，省、自治区、直辖市以及省、自治区人民政府所在地的市和经国务院批准的较大的市的人民政府，可以根据法律、行政法规制定地方政府规章。

这表明，在我国，不仅最高国家权力机关享有立法权，而且最高国家行政机关和某些地方国家行政机关也可以制定行政法规和规章等规范性文件。可见，导致法律与法律之间，法律与法规之间，乃至法律、法规、规章之间，这些规范性文件以至条文，发生冲突或者竞合，就可以理解了。

（三）行政诉讼冲突适用规则

人民法院在审查行政行为的合法性时，除了要根据事实以外，还需要依据相应的法律规范来作出判断。在适用法律规范的过程中，有时会出现同时有几个法律规范均适用于该行政行为，而几个法律规范之间的规定却不相一致的情形，这就是行政诉讼中法律冲突现象。

在出现行政诉讼法律冲突的情况下，适用规则非常重要。行政诉讼法律冲突适用的规则主要有以下几种：

第一，特别冲突适用规则。即特别法的规定与普通法的规定出现不一致的情形时，一般应当优先适用特别法的规定。比如，某些法律规范对起诉期限作出了特别的规定。《行政复议法》规定，复议机关逾期不作决定的，申请人可以在复议期满之日起 15 日内向人民法院起诉。

第二，不同等级冲突的适用规则。各种不同效力等级的行政法律规范发生相互冲突时，应该选择适用效力等级较高的行政法律规范。

第三，同级冲突适用规则。在制定机关不同，而效力层级相同的行政法律规范之间出现冲突的情况下，应由最高人民法院送请国务院作出解释或者裁决。

第四，新旧法冲突适用规则。新的行政法律规范与旧的行政法律规范的规定不一致时，应适用新法优于旧法和法律不溯及既往这两个原则。

第五，人际冲突适用规则。不同民族、种族或特殊身份的人，适用就该民族、种族或特殊身份的人作出的特别规定的行政法律规范。

第六，区际冲突适用规则。在不同行政区域内行政法律规范发生适用冲突时，应当适用于该行政区域的行政法律规范。

（四）一种特殊的法条竞合——疑似竞合

举个例子，药品监督管理部门在对辖区内的一家医疗机构进行监督检查时发现，该医疗机构未按照规定建立真实完整的药品购进记录。在对上述违法行为进行处理时，执法人员产生了争议。第一种意见认为，应当按照《药品流通监督管理办法》第四十一条规定处理，责令限期改正，情节严重的，给予通报批评。第二种意见认为，该省出台了《药品使用条例》，对“未建立真实完整药品购进记录”的违法行为，规定“责令改正，给予警告；情节严重的，处以一千元以上五千元以下罚款”，因此，应该按该省《药品使用条例》的相关规定进行处理。第三种意见认为，由于上述两部规章及地方法规，对未建立真实完整药品购进记录的行为，所设定的法律责任不同，属于立法上的冲突，应根据《立法法》第九十五条第 款第三项的规定，“部门规章与地方政府规章之间就同一事项规定不一致，报国务院裁决”。

这个案件就是典型的“疑似”法条竞合，而非实际法条竞合。《行政处罚法》第八条规定了行政处罚的种类，包括警告、罚款、没收违法所得、没收非法财物、责令停产停业、暂扣或者吊销许可证、暂扣或者吊销执照、行政拘留等。同时，该法第十二条规定，国务院部、委员会制定的规章只可以设定警告和一定数量罚款的行政处罚。而《药品流通监督管理办法》第四十一条规定的“责令限期改正”和“给予通报批评”并不是《行政处罚法》规定的行政处罚种类，而属于行政措施。与之不同的是，该省《药品使用条例》规定的“警告”“罚款”则属于法定的行政处罚种类。因此，

《药品流通监督管理办法》与该省《药品使用条例》对于医疗机构未建立真实完整的药品购进记录的违法行为，前者设定的是行政措施，后者设定的是行政处罚，二者的规定不属于“对同一事项规定不一致”，不属于法条竞合。也就是说，药品监督管理部门发现医疗机构未建立真实完整的药品购进记录行为，应对医疗机构给予警告并责令改正。发现情节严重的，则可以依照该省《药品使用条例》的规定，处以1000元以上5000元以下罚款。

普法提示

由于我国尚未建立行政法典，对于行政立法，乃至本讲涉及的竞合问题，都是以点带面来进行。在上面的疑似竞合中，我举的例子，都是行政机关在行政程序中的法律适用，这与行政诉讼法律适用有一定的联系，当然也存在很大的差异。行政诉讼的法律适用是对行政行为法律适用的第二次监督适用，两者在主体、目的、依据、结果等方面都有较大差异。这一部分，简要讲一下行政诉讼中法院的法律适用规则，我们不作深入探讨，有个大概的印象即可。

根据《行政诉讼法》第六十三条规定，人民法院审理行政案件，以法律和行政法规、地方性法规为依据。地方性法规适用于本行政区域内发生的行政案件。人民法院审理民族自治地方的行政案件，并以该民族自治地方的自治条例和单行条例为依据。人民法院审理行政案件，参照规章。

那么，根据这一规定，人民法院在行政诉讼中适用法律要遵循以下的规则：

第一，法律、法规是行政审判的依据。这里的“法律、法规”包括法律、行政法规，仅在本行政区域内适用的地方性法规、自治条例和单行条例。其他任何机关制定、发表的规范性文件，不能作为审理行政案件的依据。

第二，参照适用规章。规章包括部门规章和地方政府规章两种。规章在人民法院审理行政案件时处于参照地位。所谓参照，是指人民法院在审理行政案件时，在对规章进行斟酌和鉴定后，对符合法律、行政法规规定的规章进行适用，作为审查行政行为合法性的根据；对不符合或不完全符合法律、法规原则精神的规章，人民法院有灵活处理的余地，可以不予适用。可见，这一提法，实质上赋予了人民法院对规章的选择适用权。在这里，我们再次看到行政诉讼法律适用和行政行为法律适用的区别，举个例子，根据《行政复议法》的规定，在行政复议法律适用中，行政规章是复议机关审理行政复议案件的依据。可见，规章对于行政机关和人民法院的拘束力是有区别的，简言之，法院可以不加适用。

第三，其他规范性文件在行政诉讼中的地位。一般而言，其他规范性文件不属于法的范围，对法院没有拘束力。人民法院在行政审判中可以参考适用其他规范性文件，但应对其合法性进行更为严格的确认。发生冲突时，人民法院不必送有关机关裁决，可以直接决定是否适用。

第四，人民法院对司法解释的援引。司法解释是最高人民法院对法律在审判中应用的问题所作的解释。人民法院在审理行政案件时，适用最高人民法院司法解释的，应当在裁判文书中援引。

案例二

行政规范性文件

——行政诉讼中行政规范性文件的合法性审查

孙茜[①]

行政行为以其对象是否特定为标准，分为抽象行政行为和具体行政行为。本次课程中所讲授的行政规范性文件也即通常所说的“红头文件”，它是抽象行政行为中的一种，因其适用对象的不特定性，对社会有着较大的影响。自 2015 年 5 月 1 日起，行政规范性文件被纳入行政诉讼受案范围。我们主要通过一个案例，引入行政规范性文件的介绍，了解相关法律规定。

案情回顾

原告景森要求撤销被告 A 市交管局所作公安交通决定及对行政规范性文件予以审查案。

2015 年 3 月，景森向 A 市交管局提交了两轮摩托车的车辆注册登记申请。A 市交管局审核了景森提交的景森居民身份证、机动车销售统一发票、机动车整车出厂合格证明等手续材料，查询了公安信息系统，确认景森的户籍地为 A 市朝霞区。同日，A 市交管局作出决定，认为根据《A 市实施

① 北京市西城区人民法院行政庭法官。

〈中华人民共和国道路交通安全法〉办法》第十一条第二款和《A市公安局通告》的规定，景森的户籍所在地在朝霞区，属于限制摩托车增长的地区，不予批准两轮摩托车注册登记申请。景森不服，向人民法院提起行政诉讼。

景森诉称，被诉行政行为违反了国家法律、行政法规，侵害了其合法权益；《A市公安局通告》不在A市公安局清理行政规范性文件决定保留的行政规范性文件目录中，且无法通过任何公开方式查询，无上位法依据，违反了平等原则，现在的交通状况已发生巨大变化，其内容不合法、不合理。故诉请人民法院依法撤销被诉行政行为，并对《A市公安局通告》的合法性予以审查。

A市交管局辩称，一、被诉行政行为合法。二、关于《A市公安局通告》合法性审查的意见。为了维护交通秩序、缓解交通拥挤，经市政府研究决定，A市公安局发布了《A市公安局通告》。之后，A市政府发布的规章、A市人民代表大会颁布的地方性法规均明确规定在本市限定的区域内对摩托车实行总量控制。该通告出台时《道路交通安全法》尚未出台，法律法规并不健全。《A市公安局通告》发布时，网络并不发达，通过登报予以公布，现仍保存在A市交管局的档案库中。如果任由两轮摩托车发展，A市的道路交通有可能瘫痪。行政规范性文件清理结果目录并没有废止《A市公安局通告》。故被诉行政行为符合法律规定，程序合法；《A市公安局通告》符合交通管理实际，符合上位法规定，请求人民法院判决驳回景森的诉讼请求。

人民法院在查清相关事实基础上，按照法律规定，判决驳回了景森的诉讼请求。

法理分析

上述案例中，原告、被告争议的焦点是《A市公安局通告》是否合法，是否能作为被诉行政行为的执法依据，也即对《A市公安局通告》的合法性予以审查：

第一，《A市公安局通告》属于A市公安局制定的规章以下的行政规范性文件，且被诉行政行为以其为执法依据，故原告可以在本案中对其提起审查申请。

第二，《A市公安局通告》是否与上位法相冲突。已经废止的《城市交通规则》《道路交通管理条例》和现行有效的《道路交通安全法》，均明确了相应的立法目的。《A市实施〈中华人民共和国道路交通安全法〉办法》规定，在限定的区域内对摩托车实行总量控制。《A市公安局通告》系根据A市交通状况制定并公布的，符合上述法律、法规的立法目的，是对地方性法规实施的具体规定，且至今仍符合社会发展需要，故《A市公安局通告》与上位法并不冲突。

第三，《A市公安局通告》的公布程序是否符合《行政许可法》有关行政许可公布的程序性要求。《A市公安局通告》制定公布之时，《行政许可法》尚未施行，《A市公安局通告》未能严格按照《行政许可法》有关行政许可公布的程序性要求予以公布的情况，符合事件发生的时间顺序规律。且A市交管局官方网站"信息公开"一栏中，有关于摩托车注册登记不予批准等内容的公示。

第四，《A市公安局通告》是否依然有效。行政规范性文件的废止是一项重要的立法活动，通过废止使行政规范性文件不再具有法律效力，这种活动应当是明示的。本案中的行政规范性文件清理结果目录附有决定保留的、决定废止的和决定宣布失效的行政规范性文件目录。上述三个行政规范性文件目录均没有明示《A市公安局通告》废止或失效，故该通告依然有效。

上述案例体现了行政诉讼中人民法院对行政规范性文件的审查。

知识拓展

（一）立法的变革

人民法院对行政规范性文件能否进行审查，在立法上有个变化的过程。

1989 年 4 月 4 日第七届全国人民代表大会第二次会议通过，中华人民共和国主席令第 16 号发布的《行政诉讼法》第十二条第二项规定，人民法院不受理公民、法人或者其他组织对行政法规、规章或者行政机关制定、发布的具有普遍约束力的决定、命令提起的诉讼。此时，行政规范性文件仍被排除在行政诉讼受案范围之外。

之后，根据 2014 年 11 月 1 日第十二届全国人民代表大会常务委员会第十一次会议《关于修改〈中华人民共和国行政诉讼法〉的决定》第一次修正，根据 2017 年 6 月 27 日第十二届全国人民代表大会常务委员会第二十八次会议《关于修改〈中华人民共和国民事诉讼法〉和〈中华人民共和国行政诉讼法〉的决定》第二次修正的《行政诉讼法》第五十三条规定，公民、法人或者其他组织认为行政机关所依据的国务院部门和地方人民政府及其部门制定的规范性文件不合法，在对行政行为提起诉讼时，可以一并请求对该规范性文件予以审查。前款规定的规范性文件不含规章。

修改后的《行政诉讼法》打破了行政规范性文件不可诉的传统，允许公民、法人或者其他组织在符合相应条件的情况下对行政规范性文件提起审查申请。

（二）解读法律规定

根据修改后的《行政诉讼法》的规定，公民、法人或者其他组织应当如何对行政规范性文件提起审查申请呢？有以下几点需要我们注意。

1. 提起行政规范性文件审查的前提是被诉行政行为以该行政规范性文件为依据

根据修改后的《行政诉讼法》第五十三条的规定，公民、法人或者其他组织在对行政行为提起诉讼时，可以对被诉行政行为所依据的规范性文件提起附带审查申请。例如，上述案例中，被诉行政行为正是适用了《A市公安局通告》，故而景森可以申请对该通告一并进行审查。

目前法律并未赋予公民、法人或者其他组织对尚未被适用到具体行政行为的行政规范性文件提起行政诉讼的权利。比如，在政府信息公开类案件中，行政诉讼的原告可以对被告在判断是否公开信息、如何公开信息所适用的行政规范性文件提起审查申请，但不可以对其所申请公开的政府信息中包含或者适用的行政规范性文件提起审查申请。

2. 提起行政规范性文件审查的方式只能是和被诉行政行为一并提起审查

根据修改后的《行政诉讼法》第五十三条的规定，公民、法人或者其他组织不能单独就行政规范性文件提出审查申请，必须依附于对行政行为合法性的审查。也就是说，如果对行政行为所适用的行政规范性文件不服，只可以在起诉行政行为的同一个案件中针对该行政行为所适用的行政规范性文件提起审查申请。

另外，根据《最高人民法院关于适用〈中华人民共和国行政诉讼法〉的解释》第一百四十六条的规定，公民、法人或者其他组织请求人民法院一并审查行政诉讼法第五十三条规定的规范性文件，应当在第一审开庭审理前提出；有正当理由的，也可以在法庭调查中提出。

3. 能够一并提起审查的行政规范性文件只能是国务院以下的行政机关制定的规章以下的行政规范性文件

通常对于行政规范性文件的理解可以分为广义的和狭义的。广义的行政规范性文件是指属于法律范畴的立法性文件和除此以外的由国家机关和其他团体、组织制定的具有约束力的非立法性文件的总和。狭义的行政规范性文件是指法律范畴以外的其他具有约束力的非立法性文件，也即规章以下，行政机关及法律、法规授权的具有管理公共事务职能的组织，在法定职权范围内依照法定程序制定并公开发布的针对不特定的多数人和特定事项，涉及或者影响公民、法人或者其他组织权利义务，在本行政区域或其管理范围内具有普遍约束力，在一定时间内相对稳定、能够反复适用的行政措施、决定、命令等行政规范性文件的总称。

根据修改后的《行政诉讼法》第五十三条的规定，公民、法人或者其他组织能够一并提起审查的行政规范性文件为上述狭义的行政规范性文件，且其制定主体为国务院部门、地方人民政府及其部门。

（三）行政机关如何应诉答辩

了解了法律规定，再让我们看看，针对附带行政规范性文件审查的案件，行政机关在行政诉讼中应当如何答辩？

1. 何时针对行政规范性文件的合法性进行答辩

修改后的《行政诉讼法》第六十七条规定，被告应当在收到起诉状副本之日起十五日内向人民法院提交作出行政行为的证据和所依据的规范性文件，并提出答辩状。司法实务中，行政机关在行政诉讼中提交书面答辩状有助于充分地向行政诉讼原告解释被诉行政行为的事实和法律依据。行政机关应当按照法律规定的期限分别针对被诉行政行为和附带审查的行政规范性文件的合法性进行书面答辩并提交相应的证据材料。

《最高人民法院关于适用〈中华人民共和国行政诉讼法〉的解释》第一百四十六条规定，公民、法人或者其他组织有正当理由的，可以在法庭调查中提出请求人民法院一并审查行政诉讼法第五十三条规定的行政规范性文件，所以对于公民、法人或者其他组织在法庭调查中提出一并审查行政规范性文件的，行政机关仍可以在法庭调查环节进行口头答辩，并可以根据《最高人民法院关于行政诉讼证据若干问题的规定》第二条“原告或者第三人提出其在行政程序中没有提出的反驳理由或者证据的，经人民法院准许，被告可以在第一审程序中补充相应的证据”的规定，向人民法院申请补充相应的证据。

2. 如何针对行政规范性文件的合法性进行答辩

（1）行政规范性文件的制定主体是否具有制定行政规范性文件的权限。

明确行政规范性文件的制定主体是否属于国务院部门、地方人民政府或者其部门，该制定主体是否具有制定行政规范性文件的权限，是否在法律法规授权的范围内或者“三定方案”确定的职责范围内制定行政规范性文件，也即该制定主体对于其所制定的行政规范性文件规定的内容是否具有相应的管理权限。

（2）行政规范性文件的内容是否遵守我国的法律位阶。

按照《宪法》和《立法法》规定的立法体制，我国的法律位阶从高到低分别是：根本法、基本法、普通法、行政法规、地方性法规和行政规章。就法的效力位阶而言，法可分为三类，即上位法，下位法和同位法。上位法是效力较高的法律，下位法是效力较低的法律。下位法不能与上位法相抵触。下位法实施性规定与上位法的关系，可以概括为“效力优先与适用优先”。前者是指上位法在位阶或者法律效力上高于或优于实施性规定，在实施性规定与其发生抵触时，适用上位法的规定；后者是指在实施性规定与上位法不抵触时，下位法可以优先适用与援引。适用优先是以效力优先为前提的。制定行政规范性文件要有上位法依据，该依据可以是立法精神、立法目的等原则性规定，也可以是针对某一领域的具体规定。

行政机关在对行政规范性文件的合法性进行答辩时，应当明确该行政规范性文件的上位法依据，是否与上位法相抵触，是否违法限制公民、法人或者其他组织的权利，是否违法增设公民、法人或者其他组织的义务。

（3）行政规范性文件的制定程序是否符合相关规定。

《立法法》对于制定法律范畴的立法性文件规定了详细严谨的程序，即起草、征求意见、进行审议、提出草案表决稿、表决、履行签发手续予以公布等。行政规范性文件的制定程序虽然不必像制定法律范畴的立法性文件那样严苛，但在制定行政规范性文件过程中仍应当注意保护行政相对人的参与权和知情权。

行政机关在对行政规范性文件的合法性进行答辩时，应当明确，在制定对公民、法人或者其他组织的权利义务产生直接影响的行政规范性文件时是否公开征求了意见，是否通过政府公报、政府网站、新闻媒体等载体向社会公布了行政规范性文件，对于涉及行政许可的还应明确是否符合行政许可法的其他规定。

（4）行政规范性文件是否在有效期限内。

《立法法》规定，法律应当载明该法律的通过和施行日期。法律生效后，随着情况的变化，也会面临废止的情形。目前，法律的废止有以下几种情况：①法律本身规定了有效期限，期限结束，该法即自动终止；②法律为某一特定情况而制定，一旦该情况消失，即应废除该法；③以新法取代旧法。实务中，法律废止的公布方式有：①在新法中明文规定废除旧法；②新法未明文规定废止旧法，但依据"新法优于旧法"的原则，新法或者完全代替旧法，或者仅废止旧法与其相抵触的部分。行政规范性文件也应当明确其施行日期，明确其废止的条件和时间。行政规范性文件的施行和废止时间是判断行政规范性文件是否依然有效的重要因素之一。

行政机关在对行政规范性文件的合法性进行答辩时，应当对行政规范性文件是否废止或者部分废止，行政规范性文件依据的上位法是否废止或者部分修改，修改后的法律法规是否与行政规范性文件存在冲突之处等进行论述。

除却上述几个方面，行政机关也应针对行政规范性文件的起草背景及公民、法人或者其他组织对于行政规范性文件的其他质疑进行答辩。

（5）如何对应诉机关并非行政规范性文件制定主体的附带行政规范性文件审查案件进行答辩。

当附带行政规范性文件审查案件的应诉机关并非该行政规范性文件制定主体时，应诉机关对于制定主体在制定该行政规范性文件时的考量并不一定熟知，相应的材料也不一定掌握，应诉机关在针对该行政规范性文件进行答辩和举证时就会存在困难。为了了解该行政规范性文件的相关情况，应诉机关应当向该行政规范性文件的制定主体寻求协助。此时，如果应诉机关认为不能在法定期限内提供证据，可以根据《最高人民法院关于适用〈中华人民共和国行政诉讼法〉的解释》第三十四条“根据行政诉讼法第三十六条第一款的规定，被告申请延期提供证据的，应当在收到起诉状副本之日起十五日内以书面方式向人民法院提出。人民法院准许延期提供的，被告应当在正当事由消除后十五日内提供证据。逾期提供的，视为被诉行政行为没有相应的证据”的规定，向人民法院申请延期举证。

普法提示

对行政规范性文件的合法性给予足够的重视。

1. 行政程序中，行政机关应当适用合法有效的行政规范性文件。依法行政是依法治国基本方略的重要内容，行政机关在履行职责中应严格按照法律的规定，在作出行政行为时，应当选择合法有效的行政规范性文件。

2. 行政诉讼中，行政机关应当审慎地对行政规范性文件进行答辩。审理案件中，法院也遇到过这种情况，个别行政机关认为行政规范性文件涉及广泛、影响重大，法院不会判决行政规范性文件违法，在提交行政答辩状时行政机关未对行政规范性文件的情况予以答辩、未提交相关行政规范行为文件是否合法的证据材料。法院审理案件是以事实为依据、以法律为准绳，缺乏相关证据材料会导致行政规范性文件存在被确认违法的风险。故而，行政机关在行政诉讼中应当对行政规范性文件的合法性给予足够的重视。

案例三

行政许可

——行政机关依法进行行政许可

管学雅[1]

行政许可是政府干预经济和社会生活的一种重要手段，发挥着重要作用，《行政许可法》确立了行政许可制度，是对政府行政审批系统制约的规则体系。可能大家会认为行政许可离我们的日常生活比较远，实际上，行政许可与老百姓的生活息息相关，如取得法律职业资格证书、进行工商企业登记等，依法进行行政许可也是行政机关依法行政的重要体现。下面就让我们跟随着一个案例走进行政许可。

案情回顾

原告申领公司诉市政市容委行政许可案。[2]

原告申领公司认为，A 市面临着严重的垃圾围城问题，被告市政市容委垃圾处理水平却不高。原告拥有垃圾处理的多项新技术，包括环保垃圾易燃磋碎机、环保垃圾易燃磋碎履带组合回收分拣线等，具体实施方案是在垃圾填埋场填满后的场地上，建造安装环保易燃磋碎履带组合分炼线和

---

① 北京市西城区人民法院行政庭法官。

② 本讲所引的案例，均以中国裁判文书网上公开的生效裁判文书为基础。

垃圾高分子物质干洗肥料分离筛，实现垃圾减量化、资源化、能源化。故向被告A市市政市容委申请“新技术实现垃圾资源化能源行政许可”。被告市政市容委收到申请材料后，经审查认为被告实施的行政许可事项中没有“新技术实现垃圾资源化能源”这项行政许可，故作出不予受理决定。原告申领公司不服不予受理决定，向A市人民政府提出行政复议申请，要求予以撤销，并责令被告市政市容委受理原告申领公司的新技术行政许可事项。A市人民政府经审查认为市政市容委作出的不予受理决定合法有效，作出予以维持的行政复议决定。原告申领公司仍不服诉至法院，要求撤销被诉不予受理决定。

分析归纳本案审理焦点为原告提出的“新技术实现垃圾资源化能源行政许可”申请，是否符合行政许可的法定条件？

法理分析

从上述案例可以看出，行政许可离我们的生活很近，对社会、经济活动发挥着重要作用。首先让我们了解什么是行政许可及简要发展过程。

（一）什么是行政许可

1. 行政许可的概念。行政许可，是指行政机关根据公民、法人或者其他组织的申请，经依法审查，准予其从事特定活动的行为。

2. 如何判断是否属于行政许可。《行政许可法》第二条、第三条规定了行政许可的调整范围。判断一个行为是否属于行政许可，主要把握以下几点。

（1）行政许可是行政机关对经济和社会事务的管理行为，不包括对民事权利、民事关系的确认。主要区别于以下几种行为：

行政登记：如房屋产权登记、婚姻登记、机动车登记等；

行政确认：如精神司法鉴定、道路交通事故认定、医疗事故认定等；

行政审批：如有关行政机关对其他机关或者对其直接管理的事业单位的人事、财务、外事等事项的审批。

（2）行政许可是行政机关的外部行政管理行为。主要区别于行政机关内部管理行为，如外交部门对地方政府外事办公室等部门颁发因公护照等的审批行为。

（3）行政许可是行政机关对公民、法人或其他组织的申请经审查后决定其可以从事有关活动的行为。主要区别于行政机关自行采用检验、检测等手段对市场产品的日常监管，如食品药品监督管理局对超市销售食品的检验行为等。

（二）行政许可的历史发展

从行政许可的上述特点来看，行政许可的出现，意味着一种政府干预经济发展的开始，在美、德、日等市场经济发达国家，行政许可同样作为一种有效的国家控制手段而存在。[①] 在我国，行政许可制度历史悠久：早在先秦时期就有官方干预经济的记载；商代已出现专门从事手工业的氏族并有了专门管理手工业的官吏；西周时，官府对手工业及商业的垄断已逐渐完备；民国时期，《矿业条例》的颁布，是中国行政许可证制度的原型；中华人民共和国成立后，我国经历了计划经济向市场经济的经济转轨和社会转型期，国家重新审视行政审批制度。

2003 年 8 月 27 日，第十届全国人民代表大会常务委员会第四次会议通

① 参见应松年：《行政许可法教程》，法律出版社 2012 年版，第 49 页。

过《行政许可法》，2004年7月1日起施行，揭开了建立现代法治理念下的行政许可制度的序幕，也标志着中国法治政府建设又向前迈进了一大步。

（三）理论辨析

了解了什么是行政许可和它的发展历程，那么行政机关如何对行政许可事项予以审查，来确保行政许可的有序实施呢？

本案中，涉及一个关键问题，即行政许可法定原则。顾名思义，行政许可法定，指的是行政许可的设定、条件、权限、程序等必须依据法律，要求行政机关必须依法行政，避免行政许可的泛滥，保障行政管理的有序进行。

法院经审理认为，《建设部关于纳入国务院决定的十五项行政许可的条件的规定》（建设部令第135号）第五条规定，对从事城市生活垃圾经营性清扫、收集、运输、处理服务的许可条件作出了明确、具体的规定，其中对从事城市生活垃圾处理服务规定了填埋、堆肥、焚烧三种处理方式。原告申领公司在行政许可申请书中提到的新技术和实施方案，实现垃圾“三化”的方式，明显不符合上述规定要求。根据许可法定原则，实施行政许可，应当依照法定的权限、范围、条件和程序进行，被告市政市容委经审查认为原告的申请不符合行政许可事项范围并已明确告知，没有侵犯原告的实体权益，最终，法院判决驳回原告的诉讼请求。

知识拓展

从上述案例可以看出，如何依法进行行政许可，找到维护公民、法人或其他组织的合法权益和保障行政机关依法行使职权的最佳结合点是非常重要的。下面，我们结合《行政许可法》，简要概括行政许可的相关法律规定，主要介绍基本原则、行政相对人权利保障、行政许可的设定和实施。

（一）行政许可的基本原则

1. 许可法定原则

《行政许可法》第四条对行政许可法定原则作了明确规定，即设定和实施行政许可，应当依照法定的权限、范围、条件和程序。依法办事是法治的一项基本原则，体现在行政管理领域就是要依法行政，即法定的行政机关，在法定的权限范围内，按照法定程序履行行政管理职责，并接受监督。

2. 公开、公平、公正原则

《行政许可法》第五条规定，设定和实施行政许可，应当遵循公开、公平、公正的原则。有关行政许可的规定应当公布；未经公布的，不得作为实施行政许可的依据。行政许可的实施和结果，除涉及国家秘密、商业秘密或者个人隐私的外，应当公开。符合法定条件、标准的，申请人有依法取得行政许可的平等权利，行政机关不得歧视。

公开原则主要指政府行为除依法应当保密的外，应一律公开进行，主要包括法规、政策公开和行政行为公开；公平、公正原则是行政行为所追求的目标，基本精神是要求行政机关及其工作人员办事公正，不徇私情，合理考虑相关因素，中心意思就是在行政主体和行政相对人之间实现平等。

3. 便民、效率原则

《行政许可法》第六条规定，实施行政许可，应当遵循便民的原则，提高办事效率，提供优质服务。

（1）便民原则主要体现在：申请人可以委托代理人，可通过信函、传真、电子数据交换等新媒体方式提出申请；行政机关尽量当场作出决定，或让申请人当场修改，避免申请人没有必要的往返；行政机关应将有关法律规定和提交申请所需的材料要求予以公示；多机构办理或者一个机构的多个部门办理的，确定“一个窗口”原则，以便申请人办理相关手续。

（2）效率原则主要是力争尽可能缩短办理时间，以尽可能低的经济消耗取得更大的社会和经济利益。行政机关实施行政许可，要提高办事效率，为行政相对人提供优质服务。

4. 诚信原则

《行政许可法》第八条规定，公民、法人或者其他组织依法取得的行政许可受法律保护，行政机关不得擅自改变已经生效的行政许可。行政许可所依据的法律、法规、规章修改或者废止，或者准予行政许可所依据的客观情况发生重大变化的，为了公共利益的需要，行政机关可以依法变更或者撤回已经生效的行政许可。由此给公民、法人或者其他组织造成财产损失的，行政机关应当依法给予补偿。

《行政许可法》在我国行政法律规范中首次确立了诚信原则，也叫作信赖保护原则，因行政相对人对政府的信任而产生并受到保护。主要体现在以下几方面：

（1）非因法律、法规明确规定，行政机关不得擅自撤销或变更。这是行政活动连续性、一致性、稳定性的要求，也是保障公民合法权益的要求。

（2）因客观原因，行政机关为了公共利益，可撤回或变更。比如，根据客观形势的变化，行政许可所依据的法律规范修改或者废止，使行政许可事项不再被允许，不得已要给予撤销、废止或者变更。①

（3）由此给行政相对人造成损失的，应予补偿。对于经过比较，认为

① 应松年：《当代中国行政法》，中国方正出版社 2005 年版，第 713~714 页。

受益人的信赖利益小于公共利益，从而撤销行政许可行为的，就应对受益人所受的损失予以补偿，即撤销补偿制度。[①]

（二）行政相对人权利如何保障

行政相对人的基本权利主要包括陈述申辩权和救济权。《行政许可法》第七条规定，公民、法人或者其他组织对行政机关实施行政许可，享有陈述权、申辩权；有权依法申请行政复议或者提起行政诉讼；其合法权益因行政机关违法实施行政许可受到损害的，有权依法要求赔偿。

1. 陈述申辩权

在行政许可申请过程中，陈述申辩权主要指申请人有权说明取得行政许可的理由、依据和事实，对行政机关及第三人提出的不利于申请人获得批准的理由、事实和问题等进行解释、说明；在对被许可人的处罚过程中，陈述申辩权主要指当事人对行政机关给行政处罚所认定的事实及适用法律等陈述自己的看法、观点，提出不同的质疑等。行使的主要方式为听证、直接提出。

2. 救济权

这里所说的救济，主要指申请人、被许可人、利害关系人等，有权依法申请行政复议、提起行政诉讼，并享有请求赔偿的权利。行政复议具有选择性，行政诉讼是最终解决手段，二者都是对申请人、被许可人、利害关系人等对行政机关作出的准予或不准予行政许可决定予以进一步权利主张的法定救济途径。关于行政赔偿权利主张，主要依据为《国家赔偿法》等相关法律规定，赔偿责任的构成主要包括三个要件：

---

① 杨解君、汪自成：《行政许可法的原则解读》，载《南京社会科学》2004 年第 1 期。

（1）有违法行政行为的发生；

（2）有损害事实；

（3）违法行政行为和损害事实之间有因果关系。

本案中，原告申领公司不服被告作出的不予受理决定，选择了行政复议程序以及行政诉讼程序予以救济。

（三）行政许可的设定

1. 行政许可设定的概述

行政许可设定，是指有权国家机关，根据国家管理的需要，在法定权限内通过立法为公民或组织的活动设置的禁止解除。设定权主要包含两方面内容：创设和规定。

（1）行政许可的创设。即有权国家机关可以在法定权限范围内，通过一定效力层级的法律规范，对公民和组织特定领域内的活动设置限制或禁止。依据《行政许可法》第十四条、第十五条、第十七条之规定，可以设定行政许可的有：法律；行政法规；国务院决定。这里应注意的是，实施后，除临时性行政许可事项外，国务院应当及时提请全国人民代表大会及其常务委员会制定法律，或者自行制定行政法规；地方性法规、省、自治区、直辖市人民政府规章可以设定临时性的行政许可，实施满一年需要继续实施的，应当提请本级人民代表大会及其常务委员会制定地方性法规；除上述外，其他规范性文件一律不得设定行政许可。

（2）规定（也可称具体规定），即在上位法已经设定行政许可的情况下，下位法可以在法定权限范围内作出细化规定。根据《行政许可法》第十六条的规定，行政法规、地方性法规、规章可以在上位法设定的行政许可事项范围内，对实施该行政许可作出具体规定，不得增设违反上位法的其他条件。

2. 可以设定和可以不设定行政许可的事项

（1）《行政许可法》第十二条规定了可以设定行政许可的事项：①直接涉及国家安全、公共安全、经济宏观调控、生态环境保护以及直接关系人身健康、生命财产安全等特定活动，需要按照法定条件予以批准的事项。该项为普通许可，如金融市场准入等，在上述领域内，从事法律没有禁止但附有条件的活动的准许。②有限自然资源开发利用、公共资源配置以及直接关系公共利益的特定行业的市场准入等，需要赋予特定权利的事项。该项为特许，如出租车经营许可等，在特定行政领域内，取得特许权需要支付一定费用。③提供公众服务并且直接关系公共利益的职业、行业，需要确定具备特殊信誉、特殊条件或者特殊技能等资格、资质的事项。该项为认可，如司法资格等，一般需要通过考试等形式，与人身能力有关。④直接关系公共安全、人身健康、生命财产安全的重要设备、设施、产品、物品，需要按照技术标准、技术规范，通过检验、检测、检疫等方式进行审定的事项。该项为核准，如消防验收等，一般依据技术标准、需要实体勘测。⑤企业或者其他组织的设立等，需要确定主体资格的事项。该项为登记，如工商企业登记等，未经合法登记取得特定主体资格不得从事该领域内的活动。⑥法律、行政法规规定可以设定行政许可的其他事项。

（2）《行政许可法》第十三条规定可以不设行政许可的情形：①公民、法人或者其他组织能够自主决定的，如保姆进入家庭的资格；②市场竞争机制能够有效调节的，如春节期间，肉类的销售价格。③行业组织或者中介机构能够自律管理的，如烹饪领域，可以由行业内部自主管理；④行政机关采用事后监督等其他行政管理方式能够解决的，如销售一般商品不需要事前审批许可，存在销售假冒伪劣产品时，可以采用事后予以处罚的方式予以监督管理。

（四）行政许可的实施

这里，主要介绍行政许可的实施机关、种类和程序。

1. 行政许可实施机关

行政许可实施机关指依法行使行政许可权，实施行政许可活动，对行政相对人的申请进行审查，并决定是否准予其从事特定活动的行政机关或被授权的组织。

2. 实施机关的种类

（1）享有行政许可权的行政机关。行政许可权是一项行政权力，应有法律赋予其具有行政许可权的行政机关予以行使。《行政许可法》第二十二条规定，行政许可由具有行政许可权的行政机关在其法定职权范围内实施。

（2）法律法规授权的具有管理公共事务职能的组织。该组织一旦被法律法规授权具有管理职能，即可以成为行政许可的主体，能在法律授权范围内行使一定的行政许可权。《行政许可法》第二十三条规定，法律、法规授权的具有管理公共事务职能的组织，在法定授权范围内，以自己的名义实施行政许可。被授权的组织适用本法有关行政机关的规定。

（3）受行政机关委托的行政机关。具有行政许可权的行政机关可以依法将本具有的应由其行使的行政许可权委托其他行政机关行使。《行政许可法》第二十四条规定，行政机关在其法定职权范围内，依照法律、法规、规章的规定，可以委托其他行政机关实施行政许可。委托机关应当将受委托行政机关和受委托实施行政许可的内容予以公告。委托行政机关对受委托行政机关实施行政许可的行为应当负责监督，并对该行为的后果承担法律责任。受委托行政机关在委托范围内，以委托行政机关名义实施行政许可；不得再委托其他组织或者个人实施行政许可。

（4）联合许可机关，也就是我们通常所说的“一个窗口”。主要表现在：

由一个行政机关行使有关行政机关行政许可权。《行政许可法》第二十五条规定，经国务院批准，省、自治区、直辖市人民政府根据精简、统一、效能的原则，可以决定一个行政机关行使有关行政机关的行政许可权。

由一个行政机关内设的一个机构统一受理、送达。《行政许可法》第二十六条第一款规定，行政许可需要行政机关内设的多个机构办理的，该行政机关应当确定一个机构统一受理行政许可申请，统一送达行政许可决定。

由一个政府部门统一办理多个部门分别实施的许可或者联合集中办理。《行政许可法》第二十六条第二款规定，行政许可依法由地方人民政府两个以上部门分别实施的，本级人民政府可以确定一个部门受理行政许可申请并转告有关部门分别提出意见后统一办理，或者组织有关部门联合办理、集中办理。

具体到本案中，综合行政许可的设定和实施的相关规定，根据《行政许可法》第十四条第二款的规定，依据国务院 412 号令《国务院对确需保留的行政审批项目设定行政许可的决定》《A 市人民政府法制办公室关于印发〈A 市实施的行政许可事项表〉的通知》，被告市政市容委作为实施机关，享有对从事城市生活垃圾经营性清扫、收集、运输、处理服务的事项的行政许可实施权。

3. 行政许可的实施程序

重点介绍几个主要环节：申请、受理与审查、决定、听证、发证、变更与延续。

（1）申请

行政机关的义务：主要包括公示和说明义务。根据《行政许可法》第三十条的规定，行政机关应当将法律、法规、规章规定的有关行政许可的事项、依据、条件、数量、程序、期限以及需要提交的全部材料的目录和申请书示范文本等在办公场所公示。申请人要求行政机关对公示内容予以说明、解释的，行政机关应当说明、解释，提供准确、可靠的信息。

申请人的义务：主要包括提出申请、请求事项包含要求准予其从事特定活动的意思表示以及申请是否符合法律规定的信息、提交材料真实合法。根据《行政许可法》第二十九条、第三十一条的规定，重点把握申请人依法向行政机关提起申请；非人身性许可可以委托申请；必须书面申请，但可以采取信函、电报、电传、传真、电子数据交换、电子邮件等方式；提交真实材料、反映真实情况的义务。

（2）受理与审查

受理。在确定是否受理行政许可申请时，行政机关主要审查的内容包括：管辖范围、是否属于行政许可事项、申请材料是否符合法律规定及格式、其他事项等。

审查。审查分为形式审查和实质审查。《行政许可法》第三十四条规定，行政机关应当对申请人提交的申请材料进行审查。申请人提交的申请材料齐全、符合法定形式，行政机关能够当场作出决定的，应当当场作出书面的行政许可决定。根据法定条件和程序，需要对申请材料的实质内容进行核实的，行政机关应当指派两名以上工作人员进行核查。形式审查即行政主体仅对申请材料的形式要件进行审查，包括材料是否齐全，是否符合法定形式，对于材料的真实性、有效性不作审查；实质审查即不仅要对材料要件审查，还要实体审查，如《食品卫生法》规定，食品卫生监督机构对食品生产经营企业和食品摊贩提交的申请材料进行审查后，还要到现场进行卫生审查。

行政许可涉及他人重大利益的处理。行政机关发现审查许可事项涉及他人重大利益时应告知，利害关系人享有陈述申辩权。《行政许可法》第三十六条规定，行政机关对行政许可申请进行审查时，发现行政许可事项直接关系他人重大利益的，应当告知该利害关系人。申请人、利害关系人有权进行陈述和申辩。行政机关应当听取申请人、利害关系人的意见。

（3）决定

行政机关在进行审查后，应作出处理决定，即准予行政许可决定或不予行政许可的决定并说明理由。《行政许可法》第三十七条规定，行政机关对行政许可申请进行审查后，除当场作出行政许可决定的外，应当在法定期限内按照规定程序作出行政许可决定。第三十八条规定，申请人的申请符合法定条件、标准的，行政机关应当依法作出准予行政许可的书面决定。行政机关依法作出不予行政许可的书面决定的，应当说明理由，并告知申请人享有依法申请行政复议或者提起行政诉讼的权利。

本案中，被告市政市容委针对申领公司的申请作出了不予批准的决定并予以送达。

（4）听证

听证种类。依职权举行的听证：法律、规章规定实施行政许可应当听证的事项或者行政机关认为需要听证的其他涉及公共利益的重大行政许可事项。《行政许可法》第四十六条规定，法律、法规、规章规定实施行政许可应当听证的事项，或者行政机关认为需要听证的其他涉及公共利益的重大行政许可事项，行政机关应当向社会公告，并举行听证。依申请举行的听证：同行政许可有直接利益关系的主体，如在数量受限的许可程序中的两个申请主体；同申请人有重大利益关系的主体，如开发商在小区进行项目建设，对小区居民采光、噪声污染等。《行政许可法》第四十七条规定，行政许可直接涉及申请人与他人之间重大利益关系的，行政机关在作出行政许可决定前，应当告知申请人、利害关系人享有要求听证的权利；申请人、利害关系人在被告知听证权利之日起 5 日内提出听证申请的，行政机关应当在 20 日内组织听证。申请人、利害关系人不承担行政机关组织听证的费用。

听证程序。《行政许可法》第四十八条规定，听证按照下列程序进行：①行政机关应当于举行听证的 7 日前将举行听证的时间、地点通知申请人、利害关系人，必要时予以公告；②听证应当公开举行；③行政机关应当指定审查该行政许可申请的工作人员以外的人员为听证主持人，申请人、利害关系人认为主持人与该行政许可事项有直接利害关系的，有权申请回避；④举行听证时，审查该行政许可申请的工作人员应当提供审查意见的证据、理由，申请人、利害关系人可以提出证据，并进行申辩和质证；⑤听证应当制作笔录，听证笔录应当交听证参加人确认无误后签字或者盖章。行政机关应当根据听证笔录，作出行政许可决定。重点掌握：行政机关7日内将听证时间、地点通知申请人、利害关系人，必要时予以公告；公开进行；有权申请主持人回避；申请人、利害关系人可以提出证据，并进行申辩和质证；制作听证笔录，并经听证参与人签字或盖章。

（5）发证

行政机关作出准予行政许可决定，应在作出决定起10日内向申请人予以颁发、送达证件或加盖印章。《行政许可法》第四十四条规定，行政机关作出准予行政许可的决定，应当自作出决定之日起10日内向申请人颁发、送达行政许可证件，或者加贴标签、加盖检验、检测、检疫印章。

（6）变更与延续

变更。许可证具有确定力，但如原先的许可不再适应被许可人的需要，被许可人可以申请变更许可内容。《行政许可法》第四十九条规定，被许可人要求变更行政许可事项的，应当向作出行政许可决定的行政机关提出申请；符合法定条件、标准的，行政机关应当依法办理变更手续。

延续。被许可人需要在许可有效期满后继续从事有关活动的，应在有效期届满前，申请延续许可有效期。《行政许可法》第五十条规定，被许可人需要延续依法取得的行政许可的有效期的，应当在该行政许可有效期届满30日前向作出行政许可决定的行政机关提出申请。但是，法律、法规、规章另有规定的，依照其规定。行政机关应当根据被许可人的申请，在该行政许可有效期届满前作出是否准予延续的决定；逾期未作决定的，视为准予延续。

普法提示

通过本节对案例的分析和行政许可基本制度、法律规定的介绍，我们已经初步走近它，了解它。行政许可是行政机关依法对社会、经济事务实行事前监督管理的一种重要手段，内容庞杂、范围广泛，随着我国经济体制改革的不断深入，法治政府建设的要求不断提高，行政许可审批制度改革不断发展。《行政许可法》是控制行政权力滥用，引导、规范和约束政府共同行为的一部非常重要的法律。从不同角度、不同主体对于行政许可有着不同的理解和需求：

1. 从行政相对人角度说，行政许可与老百姓的生活密切相关，涉及个人民主权利实施的诸多方面，了解和学习《行政许可法》非常必要。

2. 从行政机关角度说，行政机关的权力来自人民的授权，来自法律的授予，是保护公民、法人和其他组织合法权益实施的重要途径，做好行政许可的审批工作，是行政机关依法行政的重要体现。

3. 从国家工作人员角度说，国家工作人员应对行政许可制度予以更为专业的学习和掌握，随着社会发展，与时俱进，在建设学习型政府的进程中，掌握其立法目的和法律规定。

行政许可制度的有效推进和实施，要求国家工作人员在所属行政管理领域，更好地运用行政审批许可权为老百姓服务，更有力地促进我国法治政府建设。

案例四

行政处罚

——如何适用一事不再罚原则

冒智桥①

在工作中，很多行政机关工作人员经常向我咨询一些法律问题，在行政处罚领域咨询最多的就是一事不再罚原则如何准确适用的问题。这个问题比较复杂，涉及很多行政法学理论问题，我今天想就一个真实的案例来给大家简单介绍一下如何适用一事不再罚原则。

案情回顾

2015 年 11 月 11 日，李某驾驶摩托车在某市二环主路应急车道由北向南行驶，被交警拦截。该市交通大队交警对李某的违法行为分别作出了 7 号和 8 号行政处罚决定。7 号处罚决定以李某驾驶摩托车驶入二环主路，“违反禁止标志指示”，根据《道路交通安全法》第九十条及《机动车驾驶证申请及使用规定》的规定，处以罚款 100 元，记 3 分的处罚。8 号处罚决定以李某驾驶摩托车占用应急车道，实施“非紧急情况在应急车道行驶”的违法行为，处以罚款 200 元的处罚。原告李某认为，被告某市交通大队的处罚决定违反了行政处罚“一事不再罚”原则。原告李某要走“应急车

---

① 北京市西城区人民法院行政庭法官。

道”则必须上“二环主路”，二者是无法分割的“同一违法行为”，该行为即使违反了两项规定，也只能作出一项罚款或两项不同种类的处罚。被告某市交通大队认为，原告李某实施了“违反禁止标志指示行驶”和“非紧急情况在应急车道内行驶”两个独立的违法行为，应当分别予以处罚，依据《道路交通安全法》及相关规定，分别作出了7号和8号行政处罚决定，符合法律规定，不存在违法之处。

法理分析

本案双方当事人争议的焦点为被诉行政处罚决定是否违反行政处罚中“一事不再罚”原则。

行政处罚中“一事不再罚”原则如何界定？目前行政法学理论对此仍有争议。何为“一事”，何为“再罚”，在现行法律中并没有明确规定。行政法学界一般认为与“一事不再罚”原则相关联的法律规定，主要体现在《行政处罚法》第二十四条，该条规定“对当事人的同一个违法行为，不得给予两次以上罚款的行政处罚”。

原告李某依据《行政处罚法》第二十四条之规定，主张其驾驶摩托车进二环主路和在应急车道行驶应属于同一行为，被告某交通大队对此分别作出了7号和8号两个行政处罚，分别予以罚款100元和200元，明显违反行政处罚“一事不再罚”原则，故其所作处罚应属无效。

被告某交通大队则坚持认为，原告李某驾驶摩托车进入二环主路和驾驶摩托车占用应急车道应当属于两个独立的违法行为，不属于同一违法行为。因为是两个独立的违法行为，所以予以分别处罚并不违反行政处罚中“一事不再罚”原则。

很显然，原被告双方对“一事不再罚”原则中，何为“一事”产生了分歧。“一事不再罚”原则适用的前提为“一事”，也即“一行为”。数行为数罚并不违反“一事不再罚”原则。如何认定单一行为，成为适用“一事不再罚”原则的关键。

本案法院判决认为，单一行为应当包含“内在意思决定”“外在身体动作”以及“法律规范之评价”三个要件，即行为人的一个单一的意思决定，实施一个单一的外在行为，法律规范对此只作了单一的评价。本案中，原告将摩托车驶入二环主路和在应急车道内行驶，并非出自一个单一的意思决定，实施的不是一个单一的外在行为，法律规范对此亦作了两种不同的评价，因此不是一个单一的行为。驾驶摩托车进入二环主路并非都在应急车道行驶，将车从其他道路驶入二环主路和从二环主路驶入应急车道应属于相互独立并在法律上分别评价的两个行为。故原告李某提出的在二环主路和在应急车道内驾驶摩托车属于“一行为”的主张，法院不予支持。既然属于两个不同的行为，被告某交通大队据此分别作出罚款的行政处罚并不违反《行政处罚法》第二十四条之规定。

本案法院判决从“内在意思决定”“外在身体动作”以及“法律规范之评价”三个要件综合认定何为“单一行为”。而在行政法学界则一般借鉴刑罚理论，将行政处罚上的“单一行为”分为“自然一行为”和“法律一行为”。

（一）自然一行为

“自然一行为”一般指行为人只有一个身体动作，或者有多个在行政处罚上具有意义的行为，但依一般人以自然的方法客观观察，可以认为其整个行为过程是单一的整体行为。“自然一行为”具有两个基本特征：具有相同的目的；时空紧密相连。

1. 具有相同的目的

行为人在相同的行为目的指引下所为的一系列时空紧密相连的行为为

“自然一行为”。比如，基于单一的闯红灯的目的，连续闯数个红灯；或者基于单一超速的目的，持续一段时间超速都属于此种类型。但并不是在相同目的基础上所为的任何行为都可以视为“自然一行为”，还必须满足在共同的目的下所为之行为是同一种类的行为。类似于刑法中的持续犯，如在擅自建造建筑物的目的下，所为的数个存在时空紧密联系的部分建造行为结合而成的整体建造行为，应该视为单一行为。

2. 时空紧密相连

行为是否具有紧密相连性也是判断是否为“单一行为”的重要因素。以普通人的一般经验判断，该行为时空紧密联系，难以分清前后关系则可以视为同一行为，否则为数行为。比如，持续违规超车，若时空上无法分割，应视为“一行为”，否则应归为数行为。

至于何为“时空紧密相连”，并无一个具体的标准，可以依据一般的生活经验，也有些法律明确规定时间间隔。比如，法院曾就个案认为：持续 1 分钟以内超速行为、高速公路上 12 公里的路段内违反数个不同限速标准行为具有“时空紧密相连性”的“自然一行为”。这就是法律或者司法判例明确规定的时间间隔，超出了时间间隔，即使依据一般的生活经验判断该行为是持续的，也不能认定为同一行为。

（二）法律一行为

与自然一行为相对应的是“法律一行为”。“自然一行为”是普通人以日常生活的经验观察而认定的一行为，而“法律一行为”则是从法律人的角度观察，通过法律拟制可以将数个自然意义的行为合并评价为单一行为，也可以将单一自然行为分割成几个具有法律意义的行为。法律上一行为又可以分为构成要件的一行为；连续违法行为；持续违法行为三种类型。

1. 构成要件的一行为

法律的构成要件将数个自然的一行为结合为法律上一行为。如果法律规定以“多数同种类或不同种类的行为”为其构成要件时，行为人即使有多次行为，如其行为之间具有“时空上的紧密联系”，法律上视为单一行为。比如，法律规定违法行为构成要件为“经常停放车辆”，则该构成要件已经包含了多次违法行为。行为人外观上虽然有多次停放车辆的行为，法律上仍认为其为单一行为。构成要件一行为其实就是法律明确规定，只有实施了数个行为，才组成了一个违法行为的构成要件，因此法律上只能认定为单一行为。

2. 连续违法行为

在行政处罚上所谓连续违法行为是指行为人基于整体的故意，连续实施了多个行为，且数个行为之间具有时空紧密相连性。这种整体的故意通常在行为人实施数个行为之前就已经具备，换言之，只要行为人在第一个行为结束前，已经决定再进行其他行为时，即可构成整体的故意。

“连续违法行为”本质上属于数行为，类似于刑法上的“连续犯”。对于连续犯的处罚，刑法上采取的是择一重罪处罚而不是数罪并罚。行政法学界在判断单一行为时，借鉴了刑罚的基础理论。但是对于“连续违法行为”属于法律上一行为，越来越多的行政法学者对此提出了质疑，在实务界对此制度的适用也趋于严格，并不是盲目地适用而是针对个案加以判断。

3. 持续违法行为

行政法上的继续违法行为是指行为人因故意或过失持续地维持实现单一构成要件的违法状态。比如，未带驾照开车，货车持续超载，无照营业等，其行为特征为行为时间持续且在持续时间内未有重大改变，尤其以违反行政法上不作为义务的情形，如纳税义务人长期不申报纳税。持续违法行为只有一个违法的故意，并且实施的也是一个自然意义上的行为，侵害的一般也是一个法益，因此属于单一行为。依据“一事不再罚”原则一般也只能给予一次行政处罚。

持续违法行为应注意以下几点：

（1）不作为义务的违反，法规有时间间隔的规定。那么超过了这个时间间隔，则应作为不同的行为处理。比如法律如果明确规定纳税人每年应当向税务机关申报一次个人所得税，那么行为人数年未申报则应属于违法数次申报义务，应视为构成数个违反法规的不作为行为。

（2）持续违法行为一般而言，行为应当属于持续状态，不能中断。行为是否中断，一般以普通人的生活经验判断。如果以自然经验观察其行为不能再视为一行为者，其行为中断，中断后的行为则为另一行为。需要注意的是，持续违法行为虽然未被中断，但可能因为某种特殊的情形出现将行为一分为二。在持续违法行为中，又出现纯粹偶发的违规事件，则应属于数行为，如货车持续超载行驶，同时又有违法禁止超车的行为，两者性质不同应属于数行为。

（3）持续违法行为可以因为受到处罚而中断。比如，驾驶机动车持续超速行驶，若被交警处罚后，仍继续超速行驶，那么因为警察的处罚而使得持续超速行为中断，再继续超速将以不同的行为处理。

有人可能要问，法学理论上将单一行为区分“自然一行为”和“法律一行为”，这两者之间是什么关系呢？我们认为，一般来讲“自然一行为”就是最常见的“一行为”，普通人依据生活常识就可以判断。但若法律有特殊规定，如将数个自然一行为合并评价为单一行为或者将一个“自然一行为”拆分评价为数行为，则应当以“法律一行为”作为判断“一事不再罚”原则中行为数的判断标准。比如，开篇我们讲的李某诉某交通大队行政处罚一案，该案中李某驾驶摩托车从其他道路驶入二环主路，一直持续行驶，且从二环主路驶入了应急车道。李某作为普通老百姓根据一般生活经验认为其驾驶摩托车驶入二环主路并进入应急车道行驶是持续的“一行为”，不应当认定为两个行为，处罚两次。但法律上将摩托车驶入二环主路和占用应急车道分别作了规定，两种情况都应当进行处罚。因此，即使属于“自然一行为”，因为法律分别作了规定就将“自然一行为”拆分成了法律上的两个独立的可处罚的行为了。这就类似于汽车超载并在行驶的过程中有超速，因违反了超载和超速的两个不同法律规定，超载行为和超速行为就可以作为独立的两个行为予以处罚了。

知识拓展

上面讲的是一事不再罚原则中单一行为的判断标准，这是准确适用该原则的前提条件。判断完了什么是“一事”，该原则还有另外一部分就是“再罚”，也就是处罚的竞合问题。广义上讲处罚的竞合包括刑罚和行政罚竞合、民事责任和刑罚的竞合问题、行政罚之间的竞合。今天主要讲一事不再罚原则中行政处罚之间的竞合问题。

行政处罚和行政处罚竞合的几种具体情形：

个违法行为违反一个行政管理秩序由一个行政机关处罚一般不会出现处罚竞合的情况。但如果一个违法行为违反一个行政法律法规，此法律规定两个或两个以上的行政机关都有处罚权，或者一个违法行为违反数个行政管理秩序，数个行政处罚机关都有权进行处罚时，则可能出现行政处罚和行政处罚之间竞合的问题。

（一）在一个违法行为违反一个行政法律、法规，但该法律、法规规定有两个及其以上的行政机关都有处罚权时，究竟是并罚还是单罚？

这种情况一般认为依据一事不再罚原则，行为人的一个违法行为，依据相同的事实和理由，行政机关只能给予一次行政处罚。因此，尽管两个行政机关在同一违法行为上都有行政处罚权，却不可以同时给予处罚。此时，可以根据处罚的先后顺序，“先处罚有效，后处罚无效”的规则进行处理。

（二）同一行为违反一个法律、法规的规定，同时该法律、法规规定两个或两个以上行政机关都有处罚权，且处罚的种类不同时，该如何处理？

例如，《产品质量法》第五十一条规定，生产国家明令淘汰的产品的，销售国家明令淘汰并停止销售的产品的，责令停止生产、销售，没收违法生产、销售的产品，并处违法生产、销售产品货值金额等值以下的罚款；有违法所得的，并处没收违法所得；情节严重的，吊销营业执照。同时该法第七十条规定，吊销营业执照的行政处罚由市场监督管理部门决定，法律、行政法规对行使行政处罚的机关另有规定的，依照有关法律、行政法规的规定执行。这样的情况，是否允许不同的机关分别作出不同种类的处罚呢？我们认为，一般情况下不同的行政处罚种类代表了不同的行政处罚目的的实现，不同种类的处罚之间不具有可替代性，因此不同的行政机关依据同一法律、法规给予相对人不同的行政处罚是合法的。但行政机关也应当从实际情况出发，考虑“过罚相当”，如果一个行政机关的处罚就足以达到遏制违法行为，维护行政管理秩序的目的话，其他行政机关就没有必要再进行不同种类的处罚了。行政处罚的目的归根结底只有一个就是纠正违法行为，维护行政管理秩序。一事不再罚原则确立的一个很重要的出发点就是为了限制膨胀的公权力对公民个人合法权益的侵害，因此，在同一法律法规规定不同机关对同一违法行为有权处以不同种类的处罚时，处理时应考虑实际情况，择一重罚为原则，并罚为例外。

（三）一个违法行为，违反数个行政管理秩序，数个行政机关都有处罚权时，应当遵循什么规则？

一行为同时符合数个法律规范的构成要件，此为典型的“法规竞合”问题。造成“法规竞合”的原因不是法律适用的问题，而是立法本身的问题。处理法规竞合问题，要遵循上位法和下位法规定不一致，优先适用上位法；同一位阶的法律，特别规定优于一般规定的原则。依据《立法法》第九十二条规定，“同一机关制定的法律、行政法规、地方性法规、自治条例和单行条例、规章，特别规定与一般规定不一致的，适用特别规定；新的规定与旧的规定不一致的，适用新的规定”，因此，若对同一违法行为，有法律特别规定的，应当适用特别规定，一般规定的行政机关不再作出行政处罚，若作出行政处罚也应当予以撤销。

普法提示

一事不再罚原则的理解与适用一直是法学理论界和司法实践中的一大难题。对于普通老百姓以及行政执法人员来说，掌握这些理论很有难度，因此我想用最通俗易懂的语言，简单说明一下一事不再罚原则的主要内容。首先，关于如何判断单一行为？第一步是按照普通老百姓的生活经验判断，如果依据生活常识都可以判断这是多个行为，那么一般都不是单一行为；如果依据生活常识判断属于单一行为，如持续的行为，中间没有间断，依据生活经验应当属于单一行为。这时候需要进一步考察法律对自然的单一行为是否有特殊规定。举一个生活中的例子，北京市关于尾号限行的法律规定，只要超过 3 个小时，即使是连续驾驶也算数行为。但关于违章停车，似乎还没有这种规定，所以违章停车一直没有移动的，即使停了好几天，也只能算一个行为，只能处罚一次。以上就是判断是否属于单一行为最简单的方法。其次，关于何为“再罚”的问题。简单地理解就是，处罚种类相同的一般不能并罚，处罚种类不同的，一般是可以合并处罚。

案例五

行政强制

——行政机关审慎行使行政强制权

刘雨笛[1]

有效运用行政强制权力，对于维护社会秩序、实现公共利益和行政目标，发挥着重要作用。但是，行政强制权力固有的侵益性使它成为一把双刃剑。这就要求行政机关审慎行使行政强制权。

案情回顾

2017年3月17日9时17分许，唐小小驾驶米QH1234号小汽车在米花市玉米区米花机场2号航站楼被米花市交通执法总队执法人员出示证件检查。根据乘客董大大的询问笔录，唐小小驾驶小汽车搭载董大大从大米区糯米小区至米花机场，乘客董大大通过“滴滴出行”软件的快车服务预约该车，车费203元，已经通过支付宝支付。执法人员经现场检查，发现唐小小未经许可擅自从事出租车业务，违反《无照经营查处取缔办法》的相关内容。当天上午，在告知唐小小违法事实及陈述、申辩权利，并听取唐小小的申辩后，依据《无照经营查处取缔办法》第九条第五项作出《米花市交通执法总队扣押车辆决定书》，唐小小拒绝在扣押决定书上签字，

① 北京市西城区人民法院行政庭法官助理。

没有签收扣押决定书，自行离开。2017 年 3 月 28 日，米花市交通执法总队再次向唐小小送达该决定书。2017 年 3 月 30 日，米花市交通执法总队经单位负责人审批，以案件复杂为由，延长扣押期限 15 日。

原告唐小小不服《扣押决定书》，认为被告没有扣押车辆的执法权，且当场扣押车辆没有履行负责人批准手续，程序违法，于 2018 年 1 月诉至法院，请求判决被告米花市交通执法总队作出的《扣押决定书》违法。

被告米花市交通执法总队辩称，根据《无照经营查处取缔办法》的规定，执法总队具有执法权，执法程序符合法律规定，作出的《扣押决定书》事实认定清楚，程序合法，请求法院驳回唐小小的诉讼请求。

在法定举证期限内，原告唐小小没有向法院提交证据。被告米花市交通执法总队向法院提交以下证据：1. 现场检查笔录，记载检查时间为 2017 年 3 月 17 日 9:17~11:30，检查记录内容包含“执法人员出示证件后进行检查，实施强制措施：扣押米 QH1234 号汽车”，被检查人一栏记载“现场拒绝签字”，执法人员一栏有两个签字，并附有两个执法证号；2. 对乘客的询问笔录；3. 立案审批表，记载时间为 2017 年 3 月 17 日；4. 实施强制措施审批表，记载时间为 2017 年 3 月 17 日 12 时；5. 听证申请书；6. 送达回证 2 份；7. 延长扣押期限审批表；8. 延长扣押期限决定书。

经审查，法院认为被告米花市交通执法总队具有查处交通运营违法行为的职权，作出扣押行为的程序符合法律规定，判决驳回原告诉讼请求。

本案焦点在于被告是否具有实施扣押行为的执法权？以及其行政行为的程序是否合法？下文我们将针对本案的焦点问题进行分析。

法理分析

上述案例中米花市交通执法总队扣押唐小小车辆的行为即行政强制中

的强制措施。那么什么是行政强制措施呢？行政强制措施是行政强制的一种，根据《行政强制法》第二条第二款的定义，行政强制措施是指行政机关在行政管理过程中，为制止违法行为、防止证据损毁、避免危害发生、控制危险扩大等情形，依法对公民的人身自由实施暂时性限制，或者对公民、法人或者其他组织的财物实施暂时性控制的行为。

行政强制措施有以下几个种类：1. 限制公民人身自由，具体措施包括盘问、留置盘问、传唤、强制传唤、扣留、拘留、人身检查、强制检测、约束、隔离、强制隔离、强行带离现场、强行驱散、驱逐、禁闭等。像针对醉酒人员的保护性约束措施、针对吸毒人员的强制检测都是常见的限制公民人身自由的强制措施。2. 查封场所、设施和财物。查封是对当事人财产使用和处分的限制，主要针对不动产或者不便移动的财产。3. 扣押财物。扣押是解除当事人对其财物的占有，并限制其处分，扣押与查封的区别在于一是扣押针对可移动的财产，二是扣押的财产由行政机关保管。除使用“扣押”一词外，还常使用“暂扣”“扣留”等。4. 冻结存款、汇款。冻结主要是限制金融资产的流动，包括冻结银行存款、汇款和邮政企业汇款，也包括股票等有价证券。

在前述案例中，原告不服该扣押决定，理由有二，一是质疑被告的执法权不合法，二是不认可被告的执法程序。那么我们就针对原告提出的异议，看一下行政强制措施有什么需要注意的地方。

（一）关于行政强制措施的执法权

执法权的合法性包含了两个要素：合法的强制措施设定与合法的强制措施实施。

合法的强制措施设定是指强制措施的设定遵循法定原则，符合法律的规定。《行政强制法》第十条对行政强制措施的设定进行了规定，有权设定行政强制措施的只有法律、行政法规和地方法规，规章和其他规范性文件都没有设定行政强制的权限。从机关看，只有全国人大及其常委会、国务院和有立法权的地方人大及其常委会才有设定行政强制措施的权限；从权限大小看，法律的设定权大于行政法规大于地方性法规，具体而言，法律有权设定所有的行政强制措施；行政法规有权设定除限制公民人身自由、冻结存款、汇款和其他应当由法律设定的行政强制措施外的行政强制措施；地方法规仅有权设定查封、扣押措施。法律对行政强制措施的对象、条件、种类作了规定的，行政法规、地方性法规不得设定作出扩大规定。案例中米花市交通执法总队依据的《无照经营查处取缔办法》作为国务院颁布的行政法规，有权设定扣押这种行政强制措施，满足设定资格和权限，符合法定原则。米花市交通执法总队具有实施扣押措施的执法权。

合法的强制措施实施是指行政机关履行行政管理职责，依照法律法规的规定，实施行政强制措施。行政强制措施的实施必须符合实施条件、满足实施主体资格。实施条件主要有：1. 只能在履行行政管理职责过程中实施。2. 必须符合法律、法规规定的可以实施行政强制措施的情形。3. 必须有法律、法规的明确授权。《行政强制法》没有对行政机关进行普遍授权，行政机关享有行政强制措施权要由单行法律、法规授权。在实施主体方面，只有行政机关才能实施行政强制措施，其他单位和个人都不能实施，当然，也不是所有的行政机关都能实施行政强制措施，只有法律、法规明确授予行政强制措施权的才能实施，没有经过授权的行政机关不能成为实施主体。有个例外情况是法律、行政法规授权的具有公共管理事务职能的组织在法定授权范围内，可以实施强制措施。此外，代表行政机关实施行政强制措施的必须是具备资格的执法人员，其他人员不得实施行政强制措施。案例中米花市交通执法总队作为行政机关满足基本资格条件，经《无照经营查处取缔办法》授权具有实施主体资格。从提交的证据材料来看，具体进行扣押行为的人员为米花市交通执法总队的执法人员，并且有执法证，满足有具备资格的执法人员实施的规定。

（二）关于行政强制措施的执法程序

《行政强制法》第十八条是关于行政强制措施的程序规定。根据规定，实施行政强制措施前应当向行政机关负责人报告并经批准。对照前述案例，从证据材料来看，被告米花市交通执法总队并未在实施扣押行为之前向行政机关负责人报告并经批准，那是否构成违反法定程序呢？还要看是否满足当场实施强制措施的情形。《行政强制法》第十九条规定："情况紧急，需要当场实施行政强制措施的，行政执法人员应当在二十四小时内向行政机关负责人报告，并补办批准手续。行政机关负责人认为不应当采取行政强制措施的，应当立即解除。"案例中，检查笔录显示实施扣押行为的时间为 2017 年 3 月 17 日 9:17~11:30，实施强制措施审批表记载获得实施扣押行为批准的时间为 2017 年 3 月 17 日 12 时，符合 24 小时内报告并补办批准手续的规定，并不违反法定程序。

案例中，检查笔录由两位执法人员的签字并附上执法证号，笔录内容记载"出示执法证……"符合第（二）项由两名行政执法人员实施、第（三）项出示执法证件的规定，由于是现场实施行政强制措施，当事人已经在场，不需要再行通知，第（五）、（六）项程序规定则在原告唐小小的听证申请书中的陈述得到印证。而现场笔录亦有"现场拒绝签字"的记载，符合第（八）项规定。

实施扣押行为，除了需要遵守行政强制措施的一般程序规定，还要遵守查封、扣押程序的专门规定：1. 依法判断查封扣押标的，严格遵守标的有限原则。查封、扣押限于涉案的场所、设施或者财物，不得查封、扣押与违法行为无关的场所、设施或者财物；不得查封、扣押公民个人及其所扶养家属的生活必需品。当事人的场所、设施或者财物已被其他国家机关依法查封的，不得重复查封。2. 制作查封、扣押决定书和清单并交付当事人。查封、扣押决定书应当载明下列事项：当事人的姓名或者名称、地址；查封、扣押的理由、依据和期限；查封、扣押场所、设施或者财物的名称、数量等；申请行政复议或者提起行政诉讼的途径和期限；行政机关的名称、印章和日期。查封、扣押清单一式二份，由当事人和行政机关分别保存。3. 遵守法定时限，履行延期批准和告知义务，查封、扣押的期限不得超过30日；情况复杂的，经行政机关负责人批准，可以延长，但是延长期限不得超过30日。法律、行政法规另有规定的除外。延长查封、扣押的决定应当及时书面告知当事人，并说明理由。4. 妥善保管查封、扣押的场所、设施或者财物，不得使用或者损毁；造成损失的，应当承担赔偿责任。5. 采取查封、扣押措施后应当在法定期限内作出处理决定。案例中，扣押的是用于违法经营的车辆，符合扣押标的的限制规定；扣押决定书内容符合记载事项的规定；扣押决定书符合当场交付的送达规定；扣押车辆的强制措施因案件复杂延期15日，经过了米花市交通执法总队负责人批准，符合扣押时限和延期批准规定。

综上，案例中的扣押行为符合实施行政强制措施的程序规定。

分析完了案例，下面我们围绕行政强制来进行知识拓展。

知识拓展

（一）行政强制原则

行政强制有几个需要遵循的原则。第一，法定原则，行政强制的设定和实施应当依照法定的权限、范围、条件和程序，这一方面是对设定权的限制，另一方面是对实施程序合法性的要求。第二，适当原则，行政强制的设定和实施应当适当，采用非强制手段可以达到行政管理目的的，不得设定和实施行政强制，适当原则也叫比例原则，是行政法领域中的一项普遍原则，行政机关在可以采用多种方式实现某一行政目的的情况下，应当采用对当事人权益损害最小的方式。第三，教育与强制相结合原则，实施行政强制应当坚持教育与强制相结合。此原则体现在《行政强制法》的很多具体规定中，如《行政强制法》第十六条第二款规定违法行为情节显著轻微或者没有明显社会危害的，可以不采取行政强制措施。第四，不得谋利原则，行政机关及其工作人员不得利用行政强制权为单位或者个人谋取利益。不得谋利原则同样在行政强制法的具体规定中有所体现，如不得使用被查封、扣押的财产、不得收取保管费等。

（二）行政强制执行

接下来我们了解一下行政强制执行。行政强制执行与行政强制措施共同构成了完整的行政强制。行政强制执行，是指行政机关或者行政机关申请人民法院，对不履行行政决定的公民、法人或者其他组织，依法强制履行义务的行为。

在设定上，行政强制执行比行政强制措施更为严格，只有法律能够设定执行权，行政法规、地方性法规、规章以及其他规范性文件都不能设定行政强制执行。

在主体上，行政强制执行的主体是行政机关或者人民法院。有执行权的行政机关可以自己实施执行，没有执行权的行政机关只能申请人民法院进行行政强制执行，人民法院只有在根据行政机关的申请，并依照法律的明确规定、遵守法定程序，才能实施行政强制执行。行政机关申请人民法院实施行政强制执行的案件叫作非诉行政执行案件。先看第一种情况，行政机关自己进行强制执行。

1. 行政机关强制执行

行政机关进行强制执行应当遵循以下几个步骤：第一步，应当催告当事人履行义务，催告应当是书面形式的，并记载履行义务的期限、方式，涉及金钱履行义务的，还应当有明确的金额和给付方式，同时还要告知当事人享有的陈述和申辩权。第二步，应当充分听取当事人的意见，对当事人提出的事实、理由和证据应当记录和复核，当事人提出的事实证据和理由成立的，应当采纳。第三步，经催告，当事人逾期无正当理由仍不履行行政决定的，行政机关可以作出强制执行决定。强制执行决定书同样需要以书面形式作出，内容需要包括：当事人的姓名或者名称住址、强制执行的理由和依据、强制执行的方式和时间、申请复议或者提起诉讼的途径和期限、行政机关的名称、印章和日期。第四步，将行政强制决定书送达当事人。需要提示的是，强制执行决定书以及催告书都应当首选直接送达方式。

2. 申请人民法院强制执行

行政强制执行的第二种情况是没有执行权的行政机关申请法院强制执行。这种情况需要满足几个条件：（1）当事人在法定期限内不履行行政决定；（2）在法定期限内当事人既没有提起行政复议也没有提起行政诉讼；（3）履行期限已经届满；（4）已经催告当事人履行义务，且在催告书送达的10日内当事人仍未履行义务；（5）需在期限届满的3个月内向人民法院提出申请，并提交执行申请的材料。行政机关向人民法院申请强制执行提交的材料包括：强制执行申请书、行政决定书及作出决定的事实、理由和依据、当事人的意见及行政机关催告的情况、申请强制执行标的情况、法律、法规规定的其他材料。

行政机关的申请是人民法院强制执行的前提，人民法院只有在收到行政机关的申请后，才开始决定是否执行。申请执行书的内容应包括：表明行政机关申请法院强制执行的意见；申请执行机关的名称、法定代表人；

被执行人的姓名或者名称、住址等内容；行政机关负责人的签名，加盖行政机关的印章，并注明日期。

普法提示

总的来说，行政强制是行政机关依法行使职权、实施法律规范、预防和制止违法行为的有力保障，也是维护社会公共秩序保障社会有序运转的有效手段之一。

但是需要说明的是，行政强制是手段而不是目的，行政强制作为行政机关依职权进行的行政行为，具有较强的主观能动性，由于其“强制”的特征，往往更容易造成侵权，因此，对于行政强制的必要性、合法性要求更高，法院审查的力度也更大。这就要求行政机关在作出行政强制行为时更加严谨，严格遵守法定原则，按照法定程序进行。

从防范诉讼风险的角度来说，一方面，行政机关应当严格按照法律规定的权力范围和行政程序实施行政强制行为，另一方面，应当将这些行政程序体现在证据材料中，如在检查笔录记载执法人员信息、出示执法证环节、听取陈述申辩环节、当事人签字情况等。对于一些关键的信息，如紧急情况现场实施行政强制措施事后报告批准的情形，一定要准确记录时间点，以保留符合法定程序的证据。对于行政程序的严格把握和精准记录，不仅是对行政行为程序合法要求的践行，对当事人权利的保护，同时也是对行政机关作出行政行为过程的还原，对行政行为合法性、有效性、稳定性的维护，避免因程序违法而败诉，从而避免行政资源的浪费。因此，建议行政机关工作人员熟记行政强制的程序要求，在执法过程中注意程序证据的留存，书面记录和视听资料制作都是可以选择的方式。

在强制执行部分需要注意的是，申请人民法院强制执行时，人民法院对非诉行政执行审查的形式为书面审查，也即以行政机关提交的书面材料为主进行的审查，因此在提交申请时，须得注意材料的全面性、完整性，提交的材料应当能够证明满足前述申请人民法院强制执行的条件。

此外，《行政强制法》第六章专门规定了法律责任，包括违法行政强制的责任、滥用行政强制的责任、渎职责任、谋取私利的责任、金融机构违法责任、司法人员责任、赔偿责任和刑事责任。责任主体包括行政机关、主管人员和直接责任人，责任类型包括责令改正、处分、赔偿以及构成犯罪的追究刑事责任。完善的追责机制也提醒行政机关和执法人员在实施行政强制的时候要严格遵循法律的规定，在法律的限定范围内实施行政强制行为。

案例六

行政确认

——依照法定权限和程序行使行政确认权

刘学伟[①]

行政确认是指行政机关和法定授权的组织，为实现一定的行政管理目的，依照法定权限和程序对有关法律事实进行甄别，通过确定、证明等方式决定管理相对人某种法律地位，对符合法定条件的涉及相对人人身权、财产权等方面的法律事实予以书面记载的行政行为。

案情回顾

（一）原告李女诉某市规土委撤销不动产登记案

原告李女诉称，李女系李父之女，翟某系李父之妻。2006年4月，李女与李父向原房屋登记机关申请301号房屋不动产转移登记，并提交了房屋所有权转移登记申请书等相关材料。原房屋登记机关经审核后认定该处房屋产权来源清楚，证件齐全，向李女颁发了A号《房屋所有权证》。2016年10月，李父与翟某在某区民政局办理结婚登记，取得结婚证。同日，李父向市规土委申请办理A号《房屋所有权证》遗失声明、灭失声明及作废公告。

① 北京市西城区人民法院行政庭法官。

市规土委于当日为李父办理了遗失声明、灭失声明及作废公告。

2016年11月，李父到市规土委申请办理301号房屋补证手续，市规土委于当日受理。2016年11月，市规土委向李父颁发了B号《不动产权证书》。同月，李父、翟某共同到市规土委申请办理301号房屋夫妻共有转移登记。市规土委对二人制作了询问笔录，准予登记。后翟某到市规土委领取了二人的C号《不动产权证书》和D号《不动产权证书》。2017年7月，某区人民法院作出《行政判决书》，判决确认市规土委为李父补发B号《不动产权证书》的行为违法。现李女诉至法院，请求撤销市规土委向李父和翟某颁发的C号《不动产权证书》和D号《不动产权证书》。

2017年9月，人民法院作出判决，认为依照《不动产登记暂行条例》，市规土委具有对辖区范围内不动产登记申请作出处理的法定职责。《不动产登记暂行条例实施细则》第二十七条第六项规定，共有人增加或者减少以及共有不动产份额变化的，当事人可以向不动产登记机构申请转移登记。《不动产登记暂行条例》第十八条规定，不动产登记机构受理不动产登记申请的，应当按照下列要求进行查验：（1）不动产界址、空间界限、面积等材料与申请登记的不动产状况是否一致；（2）有关证明材料、文件与申请登记的内容是否一致；（3）登记申请是否违反法律、行政法规规定。《不动产登记暂行条例实施细则》第十五条规定，不动产登记机构受理不动产登记申请后，还应当对下列内容进行查验：（1）申请人、委托代理人身份证明材料以及授权委托书与申请主体是否一致；（2）权属来源材料或者登记原因文件与申请登记的内容是否一致；（3）不动产界址、空间界限、面积等权籍调查成果是否完备，权属是否清楚、界址是否清晰、面积是否准确；（4）法律、行政法规规定的完税或者缴费凭证是否齐全。依照上述规定，房屋登记机关在进行不动产登记时，应当对不动产权属是否清楚、产权来源资料是否齐全等进行查验。对于符合要求的，准予登记。

行政登记作为一种依申请作出的行政确认行为，登记机关根据申请人提交的申请事项和申请材料进行审查，该审查义务应为形式审查义务。本案中，市规土委于2016年11月接收了李父、翟某提交的《不动产登记申请审批表》等材料，经审核，认为涉案房屋权属清楚、产权来源资料齐全，于2016年11月向李父颁发C号《不动产权证书》和向翟某颁发D号《不动产权证书》的行为，符合上述规定。经诉讼，李父原有的B号《不动产权证书》被确认无效，进而使市规土委据以作出被诉行政行为的事实根据不复存在。故依照《行政诉讼法》第七十条第一项的规定，判决撤销被告市规土委向李父和翟某颁发的C号《不动产权证书》和D号《不动产权证书》。

（二）原告余大诉某区工商局撤销工商登记案

原告余大诉称，2012年8月，大海公司向区工商局提交《企业变更（改制）登记（备案）申请书》，申请将投资人（股东、发起人、合伙人）由余二、余大变更为余二、余大、刘大、刘美、王飞。同日，区工商局作出《通知书》。余大不服，向区工商局进行投诉举报。2014年3月，区工商局决定对举报进行立案调查。2014年6月，因需要核实相关情况，区工商局决定将调查时间延长一个月。后区工商局对该举报做销案处理。2014年7月，区工商局作出《告知单》，将调查情况告知余大。余大不服，向人民法院提起行政诉讼，请求撤销区工商局2012年8月作出的投资人（股东）变更登记。

2015年7月，人民法院作出判决，认为依照《公司登记管理条例》，参照《企业登记程序规定》，区工商局作为公司登记管理机关负有对行政区域内有限责任公司设立、变更、终止进行登记的法定职责。

关于大海公司向区工商局申请投资人变更时提供的申请材料真实性的问题，《企业登记程序规定》第八条规定，申请人应当如实向企业登记机关提交有关材料和反映真实情况，并对其申请材料实质内容的真实性负责。

行政登记作为一种依申请作出的行政确认行为，行政机关根据申请人提交的申请事项和申请材料进行审查，登记机关对申请人所提交材料的审查义务应为形式审查义务。本案中，大海公司向登记机关区工商局提交了申请书、指定（委托）书、股东会决议、章程修正案、股权转让协议等文件，这些文件在形式上符合对申请材料的要求，区工商局已经尽到了对申请材料的形式审查义务。经鉴定，指定（委托）书、股东会决议、章程修正案、股权转让协议中"余大"的签名并非由余大本人所签。由于上述材料的真实性存在问题，使区工商局据以作出被诉变更登记的事实根据不存在。故依照《行政诉讼法》第七十条第一项，判决撤销被告区工商局 2012 年 8 月作出的投资人（股东）变更登记。

上述两个案例都是行政确认中的一个主要类型——行政登记。行政登记是指行政机关为实现一定的行政管理目的，根据法律、法规、规章的有关规定，依相对人申请，对符合法定条件的涉及相对人人身权、财产权等方面的法律事实予以书面记载的行为。

法理分析

（一）特征

行政确认具有以下几个主要特征：

一是行政确认是要式行政行为。行政主体在作出行政确认行为时，必须以书面形式，并按照一定的技术规范要求作出。

二是行政确认是羁束的行政行为。行政主体进行行政确认时，只能严格按照法律规定和技术规范进行操作，并尊重客观性质，是否给予确认，行政机关无自由裁量权，对符合法定条件的确认申请，行政机关必须依法受理并予以确认。

三是行政确认的内容为相应的法律事实，主要是行政管理相对人有关人身权、财产权和其他权利方面的法律事实。

（二）作用

行政确认有稳定法律关系，减少各种纠纷，保障社会安定秩序，保护公民、法人或其他组织合法权益的重要作用，因而适用于广泛的范围，行政确认主要形式有：确定、认可、证明、登记、批准、鉴证、行政鉴定。

（三）分类

1. 按行为的动因不同可分为依申请的行政确认和依职权的行政确认。

2. 按行政确认对他种行为的关系，可以分为独立的行政确认与附属性的行政确认。独立的行政确认是指不依赖他种行政行为而独立存在的行政确认行为，即这种行为不是他种行政行为成立的必要前提。附属性的行政确认，是指他种行政行为依赖于该行为补充。

3. 按照行政确认的对象不同可分为对身份、能力（或资格）、事实、法律关系和权利归属的行政确认。对权利归属的行政确认主要有：不动产所有权的行政确认、不动产使用权的行政确认、经营权的行政确认、工业产权的行政确认。

（四）列举

下面，以列举的方式简单介绍一下行政确认在各行业（领域）中的情况：

1. 公安管理中的确认。主要由对交通事故的车辆、物品、尸体、路况以及当事人的生理、精神状态的检验和鉴定；对交通事故等级的确认；对当事人交通责任的认定；对行政案件的原告中受治安行政拘留的人员、劳教和受审人员的精神病司法鉴定等。

2. 司法行政管理中的确认。主要有对合同、委托、遗嘱、继承权、财产权、收养关系、亲属关系等民事法律关系的公证；对身份、学历、经历、出生、死亡、婚姻状况等事实的证明；对有关文件的真伪、法律效力的公证等。

3. 民政管理中的确认。民政管理中的确认主要有对现役军人死亡性质、伤残性的确认；对烈士纪念建筑物的等级确认；对革命烈士的确认；对结婚、离婚条件的确认等。

4. 劳动管理中的确认。劳动管理中的确认主要有对人员伤亡事故原因、责任的确认；对锅炉压力容器事故原因和责任的确认；对特别重大事故的技术鉴定等。

5. 卫生管理中的确认。卫生管理中的确认主要有食品卫生的确认；对新药品及进口药品的鉴定；对国境卫生的鉴定；对医疗事故等级的鉴定。

6. 经济管理中的确认。经济管理中的确认主要有对产品标准的行政认证和计量器具检定，产品质量认证；对商标和专利权的审定；对著作权属的确认；对动植物检疫的确认；对养殖水面区域的确认；对自然资源的所有权和使用权的确认；对无效经济合同的确认等。

知识拓展

与行政许可的区别

二者的区别主要表现在以下七个方面：

1. 行为对象不同。行政确认是指对行政相对人既有法律地位、权利义务的确定和认可，主要是指对身份、能力和事实的确认；行政许可的行为对象是许可行政相对人获得为某种行为的权利或资格。

2. 内容不同。行政确认行为的内容具有“中立性”，它并不直接为当事人设定权利或义务，对当事人是有利还是不利，取决于确认时原已存在的法律状态或事实状态；而行政许可行为则是一种授益性行政行为，它直接为申请人授益。

3. 方式不同。行政确认既有依申请的确认也有依职权的确认；而行政许可则只能是依申请才能发生的行政行为。

4. 意思不同。行政确认行为表明行政主体的态度是对某种状态、事件、物或行为予以法律上的承认、确定或否定；而行政许可行为则是行政主体在对申请人的申请进行审查和判断的前提下，对申请是否予以准许或同意的行为。

5. 行为性质不同。行政确认属于确认性或宣示性行政行为，它仅表明现有的状态，而不以法律关系的产生、变更或消灭为目的。行政许可，从其正常状态（即批准）而言是建立、改变或者消灭具体的法律关系，是一种形成性行政行为。

6. 法律效果不同。行政确认中未被认可的行为或地位将发生无效的结果而不适用法律制裁；而在行政许可中，未经许可而从事的行为将发生违法后果，当事人将因此受到法律制裁。即前者的法律效果具有前溯性，对今后仅是一种预决作用；而后者的法律效果具有后及性，不具有前溯性。

7. 表现形式不同。行政确认一般只能以证书形式出现；而行政许可的表现形式尽管以书面的形式为主，但也存在口头、默示等许可方式。

普法提示

在日常工作中，负责行政确认工作的行政机关及其工作人员要注意和坚持以下几个原则：

1. 依法确认原则。行政确认的目的在于维护公共利益，保护公民、法人和其他组织的合法权益。因此，行政确认必须严格按照法律、法规和规章的规定进行，遵循法定程序，确保法律所保护的公益和行政相对人权益得以实现。

2. 客观公正原则。行政确认，是对法律事实和法律关系的证明或者明确，因而必须始终贯彻客观、公正的原则，不允许有任何偏私。为此，需要建立一系列监督、制约机制，还须完善程序公开、权利告知等有关公正程序。例如，《公证暂行条例》[①]专设一章“办理公证的程序”，第二十五条规定：“公证处拒绝当事人申请办理公证时，应当向当事人用口头或者书面说明拒绝的理由，并且说明对拒绝不服的申诉程序。”

3. 保守秘密原则。行政确认往往较多地涉及商业秘密和个人隐私，尽管其确认程序要求公开、公正，但同时必须坚决贯彻保守秘密的原则，并且，行政确认的结果不得随意用于行政管理行为以外的信息提供。

《行政诉讼法》第六条规定，人民法院审理行政案件，对行政行为是否合法进行审查。在行政确认案件中，行政机关根据申请人提交的申请事项和申请材料进行审查，该审查义务应为形式审查义务。形式审查仅仅从被审查材料的完整程度，与被审查事项的关联程度以及材料本身的合法性上进行审查，即只是程序上的审查模式。而实质审查则比形式审查更为要求被审查材料的真实性以及事实上的合法性，要求行政机关对于被审查事项变动的原因进行调查与审核，确保无误之后进行确认。相比而言，形式审查是一种更为注重效率的审查模式，而实质审查则保障了被审查事项变动的安全性而降低了行政效率。但是在目前相关法律规定尚未明确的情况下，行政机关只要依照相关规定和程序，尽到了所要求的审查内容，即认

① 该条例已被《中华人民共和国公证法》代替。

为完成了审查义务。

《行政诉讼法》第六十七条规定，人民法院应当在立案之日起5日内，将起诉状副本发送被告。被告应当在收到起诉状副本之日起15日内向人民法院提交作出行政行为的证据和所依据的规范性文件，并提出答辩状。人民法院应当在收到答辩状之日起5日内，将答辩状副本发送原告。被告不提出答辩状的，不影响人民法院审理。但是，行政机关在行政诉讼中提交书面的答辩状有助于充分地向行政诉讼原告解释被诉行政行为的事实和法律依据。所以，行政机关应当按照法律规定的期限对被诉行政行为进行答辩并提交相应的证据材料。按照《最高人民法院关于行政诉讼证据若干问题的规定》第十九条规定，当事人应当对其提交的证据材料分类编号，对证据材料的来源、证明对象和内容作简要说明，签名或者盖章，注明提交日期。所以，提交规范、完整的证据材料及其目录，将有助于行政机关表达立场，有助于法庭查明事实，节约司法资源。

案例七

行政答复

——行政答复是否具有可诉性

刘丰[①]

行政答复是行政机关收到公民、法人或其他组织向其进行咨询、举报、申诉和表达质疑等内容后给予的相关回应，是行政机关日常工作的重要工作内容。其特点是答复的种类多、涉及的领域广，直接面对与回应人民群众的关切。

案情回顾

（一）不满电信公司提高服务费用，对答复不服提起诉讼

孙春生与电信运营公司（以下简称电信公司）定有服务协议，约定其每月向电信公司缴纳 15 元手机包月服务费用，电信公司为其提供的包月服务包括短信服务、语音通话服务等。在协议订立后，孙春生一直按月缴纳包月服务费，电信公司也如约为其提供包月各项服务。某日，孙春生通过手机短信方式得知，其包月服务的套餐内容可以升级至 4G 功能，孙春生就以短信方式向电信公司申请增加该服务，随后孙春生又通过致电电信

① 北京市西城区人民法院行政庭法官。

公司办公电话的方式对其申请的升级服务予以确认。在开通该升级服务后，孙春生发现其手机每月都多产生 10 元费用。孙春生认为其每月包月 15 元服务费应当包括其增加的 4G 服务费用，电信公司未经其同意便提高了包月服务费，违反了《电信条例》的相关规定。孙春生为此向某市通信管理局（以下简称 A 市电信管理局）提出申诉，要求予以查处。

A 市电信管理局经调查核实，作出《答复书》，记载内容为："在收到您通过信件方式提出的事项，反映电信公司擅自增加您手机原 15 元移动数据流量套餐收费标准的问题，我局对此进行了调查核实，电信公司已向我局提交了相关报告，经查，该公司官网已有告知用户相关移动数据流量套餐及其升级服务的具体办理流程和服务内容、服务标准、服务费用收取，由于您来信中已经表示是自己发送短信办理的移动数据流量套餐及其升级服务且在办理过程中亦通过电话咨询的形式对相关服务内容、服务标准、服务费用收取予以了解，且您反映的相关电话号码均有上行短信开通业务的记录。根据《电信条例》第四十条，电信业务经营者在电信服务中，不得有下列行为：（1）以任何方式限定电信用户使用其指定的业务；（2）限定电信用户购买其指定的电信终端设备或者拒绝电信用户使用自备的已经取得入网许可的电信终端设备；（3）无正当理由拒绝、拖延或者中止对电信用户的电信服务；（4）对电信用户不履行公开作出的承诺或者作容易引起误解的虚假宣传；（5）以不正当手段刁难电信用户或者对投诉的电信用户打击报复之规定，未发现涉案电信公司存在违反《电信条例》第四十条所规定的行为，故您举报涉案电信公司涉嫌违法行为证据不足，我局不予立案……"孙春生不服该答复向法院提起行政诉讼，要求撤销答复书并要求 A 市电信管理局对其提出申诉内容重新给予查处。

A 市电信管理局辩称，其接到孙春生的提出申诉举报材料后，立即派员前往电信公司予以核查，并调取了相关业务办理文件，调取涉及孙春生提出申诉事项的相关办理流程、办理结果的电子文档和纸质文档，服务电话录音等材料。经过核实相关材料显示，孙春生系通过发送短信至电信公司服务平台申请为其原有套餐升级4G服务功能，后孙春生亦通过致电涉案电信公司服务电话的形式对申请套餐升级服务的内容、服务标准、服务费用予以确认，为此未发现电信公司存在违反《电信条例》第四十条所规定的行为，故对原告孙春生申诉举报电信公司涉嫌违法行为证据不足，不予立案。被告A市电信管理局依法履行了法定职责，且在法律规定的期限内作出的《答复书》符合法律规定，不同意原告孙春生的诉讼请求。

（二）裁判理由

根据庭审时各方当事人陈述的事实及提交证据材料所显示的具体情形，法院认定A市电信管理局在接到孙春生的提出申诉举报材料后，立即派员前往涉案电信公司予以核查，并调取了相关业务办理文件，调取涉及孙春生提出申诉事项的相关办理流程、办理结果的电子文档，服务电话录音等材料。经过核实相关材料显示（存在相关电话录音），孙春生系通过发送短信至涉案电信公司服务平台申请为其原有套餐升级4G服务功能，后孙春生亦通过致电涉案电信公司服务电话的形式对申请套餐升级服务的内容、服务标准、服务费用予以确认。可以认定原告孙春生在办理涉案电信套餐功能升级服务时，对原有服务内容，新增服务项目、相关服务标准、收费标准是知情的。电信公司给予孙春生申请为其办理的套餐升级服务并按照相关收费标准计收服务费用。为此未发现涉案电信公司存在违反《电信条例》第四十条所规定的行为，原告孙春生提交的证据材料亦不能证明其主张。A市电信管理局作出的《答复书》认定事实清楚、证据确实充分、适用法律正确。法院据此判决驳回了原告孙春生的诉讼请求。

法理分析

(一)《答复书》的可诉性问题

《行政诉讼法》第二条规定，公民、法人或者其他组织认为行政机关和行政机关工作人员的行政行为侵犯其合法权益，有权依照本法向人民法院提起诉讼。《行政诉讼法》第二十五条规定，行政行为的相对人以及其他与行政行为有利害关系的公民、法人或者其他组织，有权提起诉讼。这里所指向的行政行为是指能对公民、法人或者其他社会组织的权益产生实际影响的行为。就本案而言，原告孙春生因认为电信公司存在电信服务违法行为向A市电信管理局提出申诉举报，要求立案查处。A市电信管理局根据核查结论作出不予立案的答复书，该答复书对孙春生的举报内容给予了回应，其答复理由和结果涉及了孙春生的具体权利和义务。合议庭认为，本案《答复书》是可诉的。孙春生亦具有提起诉讼的主体资格。

(二)A市电信管理局以《答复书》回应孙春生涉案提出申诉举报事项是否妥当的问题

《电信条例》第三条第二款规定，省、自治区、直辖市电信管理机构在国务院信息产业主管部门的领导下，依照本条例的规定对本行政区域内的电信业实施监督管理；第五条规定，电信业务经营者应当为电信用户提供迅速、准确、安全、方便和价格合理的电信服务；第三十九条第一款规定，电信业务经营者提供的电信服务达不到国家规定的电信服务标准或者其公布的企业标准的，或者电信用户对交纳电信费用持有异议的，电信用户有权要求电信业务经营者予以解决；电信业务经营者拒不解决或者电信用户对解决结果不满意的，电信用户有权向国务院信息产业主管部门或者省、自治区、直辖市电信管理机构或者其他有关部门申诉。收到申诉的机关必须对申诉及时处理，并自收到申诉之日起 30 日内向申诉者作出答复。

依据上述规定，A 市电信管理局具有接受对所辖区域内电信运营企业举报提出申诉并开展相关调查处理工作的法定职责。其在接到孙春生关于电信公司电信服务行为违法并要求予以查处的申请后，根据相关核查结果向孙春生出具《答复书》符合法律规定，并无不妥。

（三）关于答复期限

《行政诉讼法》第四十七条规定，公民、法人或者其他组织申请行政机关履行保护其人身权、财产权等合法权益的法定职责，行政机关在接到申请之日起 2 个月内不履行的，公民、法人或者其他组织可以向人民法院提起诉讼。法律、法规对行政机关履行职责的期限另有规定的，从其规定。公民、法人或者其他组织在紧急情况下请求行政机关履行保护其人身权、财产权等合法权益的法定职责，行政机关不履行的，提起诉讼不受前款规定期限的限制。该条款系起诉行政机关不履行法定职责案件的规定，其中也包含了行政机关在接到相关履责申请材料后的通常履责及答复期限及针对行政机关对相关申请事项不予答复的诉讼条件。《电信条例》第三十九条规定，收到申诉的机关必须对申诉及时处理，并自收到申诉之日起 30 日内向申诉者作出答复。为此，本案另一个审查重点就是，电信公司是否在《电信条例》规定的期限内作出答复。

知识拓展

（一）关于行政答复的类型和可诉性的问题

实践中，因公民、法人或其他组织向行政机关邮寄信件进行咨询、举报、申诉和表达质疑等，由此引发的行政答复案件比较常见。各类行政答复也是行政机关的重要工作内容。此类案件审查的重要前提是其起诉的行政答复是否可诉，而对行政答复可诉性的判断关键看行政答复是否对公民、法人或其他组织的权利义务产生实际影响，或者说是否给设定了新的权利义务。如果给直接设定了新的权利义务，则可诉；如果没有设定新的权利义务，只是客观情况的记载和事项的告知，则不可诉。比如，对于举报查处违法行为的，行政机关已作出查处决定，并就查处情况向举报人作出告知答复的，如果举报人认为行政处罚违法，且与行政处罚决定有利害关系的，可以起诉该处罚决定。举报人选择起诉告知答复的，则应当看该答复对该举报人的权利义务是否有实际影响，如果只是查处结果的一般告知，则不能认定对举报人的权利义务产生影响，不应纳入诉讼范围。假如负有接受并处理举报查处职责的部门，在查处后没有履行告知的职责，这个问题则另当别论，举报人起诉要求履行告知义务的，应当纳入受案范围。

实践中，还有一类情形，即公民向某行政机关申请履行某职责，因此起诉行政机关不履行法定职责的，而经审查该行政机关并不负有其申请的该项职责。我们认为，对于申请行政机关履行职责，而行政机关经审查不负有相应职责的，不论该行政机关是否作出答复和如何答复，都不纳入诉讼范围调整。

在审理行政案件过程中，我们梳理出以下几类由行政机关作出的答复。其一，为针对信访人的信访申请事项作出的信访答复。《最高人民法院关于适用〈中华人民共和国行政诉讼法〉的解释》（法释〔2018〕1号）第一条第九项规定，行政机关针对信访事项作出的登记、受理、交办、转送、复查、复核意见等行为提起的行政诉讼不属于法院行政诉讼的受案范围。行政机关如收到相关案件的应诉通知书后，可将起诉人进行信访及信访结论向法院进行翔实说明，如确属对信访答复提起的诉讼，法院会裁定驳回起诉人的起诉。但在这里需要说明一个问题，有些行政机关将当事人的提出申诉举报事项作为信访事项处理，作出了名为“信访答复”实际为行政答复的意见，而该答复本身与当事人自身合法权益紧密相关，法院不能以此按照信访答复为由裁定驳回其起诉。而是要将相关诉求纳入实体审理，进而进行实体上的裁判。其二，为针对举报、提出申诉人作出的行政答复。如果举报、提出申诉人的举报提出申诉内容与其本人自身权益无任何影响，行政机关亦针对举报提出申诉事项向举报、提出申诉人作出了行政答复，那么法院将考虑以相关答复未对举报、提出申诉人设定权利义务且对其合法权益不构成影响裁定驳回其起诉，该裁判思路也适用于行政机关对当事人的相关咨询性事项作出的行政答复。其三，为行政机关作出的不产生外部法律效力的答复，如上级行政机关对下级行政机关请示内容作出的答复，不属于法院行政案件受案范围。其四，为行政机关作出行政行为而实施的准备、论证、研究、层报、咨询等过程性行为，如行政答复属于该性质也不属于法院受案范围，不具有可诉性。

（二）对于涉行政答复类案件应当如何应诉

一是要看是否存在行政答复行为。这个问题看起来比较简单，实际上有一些值得关注的地方，作为常规行政案件，在法院的立案环节就会进行第一次甄别。其中之一就是要求当事人提供行政行为的书面载体。但是，考虑到有的行政行为如适用简易程序进行的现场执法行为，以口头形式作出的答复、告知等行为，原告确实无法提交相关文字载体，根据《行政诉讼法》和立案工作的相关规定，当事人一般能够证明行政行为存在即可。法院不能简单地以没有行政行为的书面法律文件为由拒绝受理案件。那么就需要在后续的审理程序中予以审查。在后续的审理过程中，就需要行政机关对于相关情况给予回应。法院将分情况作出不同的判断，如被诉答复行为确实不存在，那么我们会从原告的诉求缺乏事实根据考虑裁定驳回起诉。

二是要看是否为适格的起诉主体。《行政诉讼法》第二十五条第一款规定，行政行为的相对人以及其他与行政行为有利害关系的公民、法人或者其他组织，有权提起诉讼。法院在受理行政答复类案件时要审查行政答复的对象，如果起诉当事人并非行政答复的相对人。且其与被诉答复不具有行政法意义上的利害关系，法院一般会作出裁定驳回起诉的程序性判断。

三是要看针对被诉答复的诉讼是否已经超过诉讼时效。我们在审理行政案件中发现，有些行政答复写明了当事人的行政复议权利、诉讼权利及相关期限，部分行政答复并未列明。我们认为这与行政诉讼的认识与发展具有一定的联系，行政机关在其负责处理的行政职权领域中的相关法律法规并未明确要求行政机关在作出相关答复时必须向答复相对人列明诉讼权利、诉讼期限。为此，在审判实践中，需要依据《行政诉讼法》及其相关司法解释对行政答复加以区分确定相应的诉讼时效。

四是看行政答复的内容是否符合《行政诉讼法》确立的七个司法审查标准。即（1）证据是否确凿；（2）适用法律、法规是否正确；（3）是否符合法定程序；（4）是否超越职权；（5）是否滥用职权；（6）是否不履行、拖延履行法定职责；（7）是否明显不当。并据此确定相对成熟的答辩思路，提交完备的证据材料。

普法提示

对答复不服引发的行政诉讼案件在全部行政诉讼案件中占有一定的比例。根据《行政诉讼法》的规定，公民、法人或者其他组织申请行政机关保护其人身权、财产权等合法权益的法定职责，行政机关在接到申请之日起2个月内不履行的，公民、法人或者其他组织可以向人民法院提起诉讼。法律、法规对行政机关履行职责的期限另有规定的，从其规定；公民、法人或者其他组织在紧急情况下请求行政机关履行保护其人身权、财产权等合法权益的法定职责，行政机关不履行的，提起诉讼不受前款规定期限的限制。通常来说，行政机关答复的期限为其接到相关申请材料的2个月内，这是行政机关在接到相关申请材料后作出答复的通常期限。

《行政诉讼法》第二十五条第一款规定，行政行为的相对人以及其他与行政行为有利害关系的公民、法人或者其他组织，有权提起诉讼。涉及不服行政答复的行政案件审查的重要前提是其起诉的行政答复是否可诉。而对行政答复可诉性的判断关键看行政答复是否对公民的权利义务产生实际影响，或者说是否给公民、法人或其他组织设定了新的权利义务。如果设定了新的权利义务，则可诉；如果没有设定新的权利义务，只是客观情况的记载和事项的告知，则不可诉。

案例八

政府信息公开

——如何判断信息是否应当公开

冒智桥[①]

近年来随着人民群众法律意识的提高，向行政机关申请信息公开的案件越来越多了，如何做好信息公开工作，如何处理信息公开工作中遇到的疑难复杂问题是摆在很多行政机关面前的一大难题。我今天想以李某诉某机关信息公开一案为例来讲一讲，当申请人申请的信息不明确时，行政机关应该如何处理？并以此案为出发点，进一步谈一谈信息公开答复中有关国家秘密、商业秘密和个人隐私的认定问题。

案情回顾

原告李某向某机关申请获取的信息为——“生物医药基地东配套区 D 地块土地一级开发立项批准文件”。

被告某机关答复：“经查，你申请的名称为‘生物医药基地东配套区 D 地块土地一级开发立项批准文件’，我机关未制作。根据信息公开条例第二十一条第三项规定，你申请的信息不存在。我机关 2008 年制作的《关于生物医药基地东配套区 D 组团土地一级开发项目建议书的批复》与您的

① 北京市西城区人民法院行政庭法官。

描述较为接近，现提供给你。”

这种答复形式到底属于政府信息公开答复还是政府信息不存在答复，合议庭在审理案件的时候是有争议的。有陪审员认为，该答复应当属信息不存在告知书，行政机关基于服务行政的理念，从便民的角度，主动公开了相似的信息。依据法院审理政府信息不存在答复的规定，行政机关应当对政府信息不存在说明理由，并提交进行合理搜寻的证据。本案被告在庭审中并没有提交搜寻该信息的证据，也没有对政府信息不存在说明理由。因此，被告应当承担败诉的法律责任。其他合议庭成员认为，该案应当属于政府信息存在告知书。原告申请公开的“生物医药基地东配套区 D 地块土地一级开发立项批准文件”与被告公开的“生物医药基地东配套区 D 组团土地一级开发项目建议书的批复”应该就是同一个信息，只是原告申请的文件名称不准确。后来，法院经过审查核实，原告申请的信息和被告提供的信息实为同一信息，“D 地块”和“D 组团”只是表述不一样，实为同一个项目。据此，法院最终认定被告的答复实质上属于政府信息公开答复书，被告公开了相应的信息，答复并无违法之处，支持了被告的信息公开答复。

法理分析

这个案件涉及了信息公开答复中的一个非常重要的环节——如何判断信息是否存在？

申请公开的信息经判断如果属于政府信息，也应当是本机关制作或者获取的，就该去寻找该信息是否存在。一般来讲，本机关制作或者获取的信息应当都是存在的。但现实中也存在很多信息，因为年代久远，或者当时信息保存制度不完善，导致信息找不到了，不存在了。出现这种情况是可以理解的，毕竟《政府信息公开条例》于2008年才开始实施，2008年以前信息保存意识不高，不知道哪些信息是必须保存的。信息保存制度不完善，机关的档案制度也不健全，这些问题在很多机关尤其是基层的行政机关是普遍存在的。有些机关甚至提出因为机关搬家，很多文件没有保存，导致申请人申请的信息找不到了。如果政府信息应当保存未保存，或者人为原因灭失了，被告可以答复信息不存在。但只要原告能够提供证据证明该信息应当保存，被告就要承担败诉责任，造成损害后果的要承担行政赔偿责任。

法院审查信息是否存在，重点在于审查行政机关是否履行了搜寻的义务，是否穷尽了搜寻手段，如搜寻了单位档案馆，单位电子数据库等，搜寻的过程都必须留痕，并作为证据向法院提交。

这里面有个问题需要注意，申请人申请的信息描述不清该如何处理？比如，有些申请人文化水平不高，提交的申请书内容杂乱无章，很难辨认其申请公开的具体内容。这种情况，我们认为首先应当判断申请人的申请是否属于政府信息申请。很多政府信息申请之所以杂乱无章，是因为申请人将一些信访材料或者投诉举报材料换了名称，属于以信息公开的形式提出的信访或者投诉举报，这种情形可以直接告知申请人因其提出的并非政府信息公开申请，因此对其申请不予处理。

若经过判断，可以认定申请人的申请属于政府信息申请，但其申请的信息描述不够详细，无法确定其申请信息的准确内容。这种情况可以向申请人发一个补正告知书，要求其对申请内容予以明确。

司法实践中，一般认为这种补正告知行为对申请人的权利义务不产生实际影响，申请人直接起诉补正告知行为，法院会裁定驳回起诉。这里需要注意的有两点：一是补正告知的次数；二是补正的必要性。

关于补正的次数，一般认为补正告知应当只能有一次，不能反复要求申请人补正。如果补正后，申请内容仍不明确的，应当如何处理？实践中，行政机关存在三种答复形式：第一种是直接答复申请人其补正的内容仍不明确。第二种是如果申请人做的是形式补正，即将申请书格式修改为符合政府信息公开申请书的形式要求，但具体内容不变。这种情况下，有些行政机关不作任何答复，认为补正后仍不明确视为没有补正，当补正超过合理期限后，按照逾期未补正，视为放弃申请处理。第三种是行政机关以非政府信息公开告知书的形式，答复申请人因其提交的信息公开申请不符合政府信息公开条例规定的形式要求，本机关不再按照政府信息公开条例的规定作出答复。

这三种答复我们认为第三种更好。因为经过一次补正以后，如果申请的内容仍不明确，行政机关应当作出一个结论性的判断，给申请人一个明确的答复。如果告知申请人再进行补正或者告知申请人申请内容仍不明确，实质上仍没有一个明确的结论。

除了补正的次数以外，还需要注意考察补正的必要性。刚才说了，一般来讲，补正告知书作为过程性行政行为，对当事人的权益不产生实际影响，不具有可诉性。但如果申请人的申请内容已经很明确，行政机关为了拖延时间或者滥用权力，故意要求申请人进行再一次的明确，申请人也明确予以拒绝的，这种情况下，我们认为补正告知书对申请人的权益造成了影响，申请人可以到法院起诉。

当事人提起政府信息公开申请的方式和种类是五花八门的，实践中遇到的情况各种各样，除了刚才讨论的因申请内容不明确需要补正的以外，还有一种情形，就是申请的内容是明确的，如申请文件 A，行政机关去查找的时候发现，没有文件 A，但有文件 A+，这种情况怎么处理？

上面我们提到的案例就是此种情况，原告申请的信息是关于“D 地块”的，被告给的信息是“D 组团”。我们认为被告的上述答复方式有值得商榷的地方。若原告申请的“D 地块”的信息不存在，但有“D 组团”的信息，应当建议原告在信息公开申请书上作相应修改，原告坚持不修改，可以按照信息不存在答复，同时口头告知其存在相似的信息，原告是否需要获取。

或者，像本案中被告能明确认定“D 地块”就是“D 组团”，那么可以作出信息公开告知书，提供“D 组团”的信息，并说明理由。

以上讲的是信息公开申请不明确时应当如何处理的问题，接下来我们对这个问题进行适当的扩展。如果经过审查发现申请人申请的信息是存在的，那么下一步就要判断该信息是否应当公开。

知识拓展

判断信息是否应当公开，这是信息公开答复最关键的一步，就是确实有这个信息，但不知道是否应当公开。这要掌握的一个原则就是“公开为原则，不公开为例外”。除了法定的不予公开的理由，其他的一律公开。《政府信息公开条例》第五条采纳了这个原则，具体表述是：行政机关公开政府信息，应当坚持以公开为常态、不公开为例外，遵循公正、公平、合法、便民的原则。因此，在作信息公开答复时，只要掌握哪些是可以不予公开的信息就可，其他信息一律公开。

哪些信息是可以不予公开的呢？相关的法律法规及司法解释主要有：《政府信息公开条例》第十四条规定，依法确定为国家秘密的政府信息，法律法规禁止公开的政府信息，以及公开后可能危及国家安全、公共安全、经济安全和社会稳定的政府信息，不予公开。第十七条规定，行政机关应当建立健全政府信息公开审查机制，明确审查的程序和责任。行政机关应当依照《保守国家秘密法》以及其他法律、法规和国家有关规定对拟公开的政府信息进行审查。行政机关不能确定政府信息是否可以公开的，应当依照法律、法规和国家有关规定报有关主管部门或者保密行政管理部门确定。

总结起来，不予公开的信息分为两种，一种是绝对不公开，包括涉及“三安全一稳定”的，涉及国家秘密的信息绝对不公开；另一种是相对不公开，涉及商业秘密、个人隐私的信息，经权利人同意公开或者行政机关认为不公开可能对公共利益造成重大影响的，可以予以公开。

关于国家秘密、商业秘密和个人隐私的判断，是信息公开制度的核心内容。信息公开制度既要保障普通民众的知情权的实现，同时还必须兼顾国家秘密、商业秘密、个人隐私等合法权益不受侵害。如何判断国家秘密、商业秘密和个人隐私是信息公开无法回避的难题。

关于国家秘密。所有国家都将国家秘密作为信息公开的例外。何为国家秘密，《保守国家秘密法》第二条规定："国家秘密是关系国家安全和利益，依照法定程序确定，在一定时间内只限一定范围的人员知悉的事项。"可见，国家秘密必须经过法定程序确定，只有经过法定程序确定为国家秘密的，才可以称之为国家秘密。什么机构具有定密的职权？我国《保守国家秘密法》第二十条规定："机关、单位对是否属于国家秘密或者属于何种密级不明确或者有争议的，由国家保密行政管理部门或者省、自治区、直辖市保密行政管理部门确定。"法院如何审理涉及国家秘密的信息公开案件？《最高人民法院关于审理政府信息公开行政案件若干问题的规定》第六条规定："人民法院审理政府信息公开行政案件，应当视情况采取适当的审理方式，以避免泄露涉及国家秘密、商业秘密、个人隐私或者法律规定的其他应当保密的政府信息。"什么叫适当审理方式，我们理解认为就是涉及应当保密的政府信息时不仅可以对社会公众而且可以对案件当事人不公开审理，涉密证据不在法庭出示，法官可以不公开单方书面审理。国家秘密需要经过保密部门进行定密，但有些信息确实属于国家秘密但在申请公开的时候还没有经过定密的，这种情况法院怎么处理？我们认为，虽然在当事人申请公开的时候相应的信息尚未定密，行政机关以国家秘密为由答复不予公开的，但人民法院在审理过程中已经知晓涉案信息已经定密为国家秘密的，法院一般会支持行政机关的不公开答复。一般行政诉讼案件，在被告举证期限过了以后，是不允许提交新的证据，尤其不允许提交作出行政行为时未形成的证据。但信息公开案件审理具有特殊之处，司法审判不能使国家秘密得到泄露，使国家利益受损。

关于商业秘密。如何判断商业秘密也经常令行政机关为难。难在商业秘密对被告的举证责任比较重。参照《反不正当竞争法》关于商业秘密的定义，商业秘密是指不为公众所知悉，能为权利人带来经济利益，具有使用性并经权利人采取了保密措施的技术信息和经营信息。一般认为，认定为商业秘密需要满足三个条件：（1）不为公众所知悉，即具有秘密性；（2）能为权利人带来经济利益，即具有价值性；（3）权利人已经对该信息采取了保密措施，即具有管理性。行政机关若以涉及商业秘密不予公开就得提交上述三方面的证据材料，作为判断的依据。但现实中，行政机关在商业秘密的判断上，依赖于第三人的意见，若在征求第三人意见时，第三人主张涉及商业秘密，不同意公开，行政机关就认定属于商业秘密。这种缺乏证据材料支持的商业秘密判断，法院一般不会认可。同时商业秘密也并非都不可公开，若行政机关判断不公开可能对公共利益造成重大影响的可以予以公开。

关于个人隐私。个人隐私属于不确定法律概念。在我国无论是法律，还是司法解释，目前都难以找到对隐私权的明确界定。对隐私权的保护也一般是通过对个人信息的保护来予以实现。所谓个人信息，是有关个人的资料，所有适用于特定个人的信息都属于个人信息。从美国的司法实践来看，下列信息均受隐私权的保护：婚姻状况、子女地位的合法性、福利救济、家庭纠纷与名誉、身体健康状况、出生日、宗教信仰、国籍状况、社会保险号、刑事犯罪历史、性取向等。法国属于个人隐私的信息有：个人的基本情况，如出生日期、住址、电话号码和国籍；家庭情况，如婚姻与家庭负担、亲属关系；其他实用信息，包括受教育和职业情况、银行账户、获得社会保障与救济的情况、收入、机动车牌照号码。

关于个人信息和个人隐私需要注意：第一，并非所有的个人信息都构成个人隐私，个人隐私是指行政机关所掌握的个人信息中涉及个人隐私权的内容。行政机关只对构成个人隐私权的记录可以拒绝公开。不能只要涉及个人信息就一律归类于个人隐私。第二，个人对涉及其个人隐私的政府信息拥有决定其是否公开的权利。行政机关认为申请公开的政府信息涉及个人隐私，公开后可能损害第三方合法权益的，应当依照《政府信息公开条例》的规定，书面征求第三方的意见。在这种情况下，第三方对放弃自己的某些隐私利益拥有支配权。关于个人隐私的判断，关键在于区分哪些个人信息涉及个人隐私权。

普法提示

以上讲的就是信息公开答复中非常重要的两个环节，如何判断信息是否存在以及是否应当进行公开的问题。实际上信息公开案件中值得讨论和学习的问题还有很多。司法实践中，我们发现很多行政机关对如何进行信息公开答复仍然是一头雾水。无论从答复的形式，答复的内容，还是答复的依据都是各有不同，毫无章法。信息公开案件之所以越来越复杂，技巧性越来越强，是因为这类案件有自己独有的特点，他们往往和信访、举报投诉、要求履行法定职责等法律问题交织在一起，如果不下功夫作专门的研究，总结办案经验，遇到实际问题的时候往往会出现拿不准、吃不透的情况，而且稍不注意，就容易出现错误，吃了败诉的官司。因此我们建议行政机关在办理信息公开案件的时候，一方面要注意熟练掌握好法律和司法解释的最新观点，另一方面要多总结经验，研究遇到新问题、新情况的应对方法。

案例九

行政程序

——程序合法是行政行为合法的必要条件

曹实①

行政程序是行政机关在实施对外执法时应当遵循的方式、步骤、时限和顺序。②与程序相对应的是实体，通常指行政执法中的实体处理结果，如作出一个罚款的处罚决定、一个特许经营的审批或者一个房屋征收决定。以往我们行政机关和工作人员认为只有行政处理结果才对外发生法律效力，对当事人产生实际影响，因而重结果而忽视过程。事实上，实体的公平和正义常常依赖于程序的合法合理。换言之，只有过程合法，或者说保证了程序基本的公平和正义，才能获得一个基本公正的实体处理结果。

法治政府的建设已经将程序法治作为其中一项重要的衡量指标，行政诉讼中也将程序是否合法作为行政行为是否合法的一项判断标准，以下就是司法实践中的一个真实案例。

案情回顾

李一山居住于北京市A区，2015年9月13日，李一山在自家房屋上

---

① 北京市西城区人民法院行政庭法官助理。

② 姜明安：《行政法与行政诉讼法》，北京大学出版社、高等教育出版社2015年版，第325页。

方第二层搭建了一个钢架塑钢结构建筑物，有邻居将这个私自搭建的行为举报给A区城市管理综合行政执法监察局（以下简称城管局）。城管局进行了实地检查，并向北京市规划委员会查档，确认李一山搭建的建筑物未取得建设工程规划许可证，属于违法建筑。

《北京市市容环境卫生条例》第二十七条第一款规定：“对未经批准建设的影响市容的建筑物、构筑物或者其他设施，由城市管理综合执法部门责令限期拆除；逾期未拆除的，经市或者区、县人民政府批准后，予以强制拆除。”据此，2015年9月14日，区城管局的执法人员来到李一山家，对他私自搭建的建筑物直接进行了强制拆除。在拆除的过程中，李一山带领家人拦阻，与执法人员发生了语言冲突和肢体冲突。

李一山认为，区城管局的强制拆除行为严重违反法定程序，属于粗暴执法。因此将区城管局告上法庭，要求法院确认强制拆除行为违法。人民法院立案并开庭审理了此案，庭审中区城管局答辩认为，李一山所搭建的建筑物属于违法建筑事实清楚、证据确凿，违法建筑影响市容市貌，作为城市管理综合执法部门有权将其强制拆除，拆除程序略有瑕疵不影响拆除行为的合法性。

2015年12月15日，法院作出生效判决，确认区城管局实施强制拆除行为违法，而后，原告依据该判决，向法院再次提起行政赔偿诉讼，法院依据《行政诉讼法》第六十条规定进行调解原告李一山获赔5万元，案结事了。

那么既然是违法建筑的拆除，法院为何不予支持呢？其判决的法理依据是什么呢？

法理分析

《行政强制法》第三十五条规定，行政机关作出强制执行决定前，应当事先催告当事人履行义务。第三十七条第一款规定，经催告，当事人逾期仍不履行行政决定，且无正当理由的，行政机关可以作出强制执行决定。第四十四条规定，对违法的建筑物、构筑物、设施等需要强制拆除的，应当由行政机关予以公告，限期当事人自行拆除。当事人在法定期限内不申请行政复议或者提起行政诉讼，又不拆除的，行政机关可以依法强制拆除。

《北京市禁止违法建设若干规定》第十七条规定，强制拆除违法建设，应当提前5日在现场公告强制拆除决定，告知实施强制拆除的时间、相关依据、当事人的权利和义务等。当事人是公民的，通知本人或者其成年家属到场；当事人是法人或者其他组织的，通知其法定代表人、主要负责人或者其上级单位负责人到场。拒不到场的，不影响实施强制拆除。实施强制拆除的行政机关应当通知当事人清理有关物品，当事人拒不清理的，应当制作财物清单并由当事人签字确认。当事人不签字的，可以由违法建设所在地居民委员会、村民委员会确认。实施强制拆除的行政机关应当将财物运送到指定场所，交还当事人，当事人拒绝接收的，依法办理提存。实施强制拆除应当制作笔录并摄制录像。

上述法律法规明确规定，被告区城管在实施强制拆除行为前应履行催告、制作强制拆除决定、张贴现场公告、通知当事人到场、制作强制拆除笔录、财产清单并且听取被拆除人陈述和申辩等法定程序。本案中，区城管局未向法院提交其作出强制拆除决定、强制拆除公告及相应的催告，听取被执行人陈述和申辩等证据材料，根据行政诉讼举证责任规定，被告对其作出的具体行政行为承担举证责任。不提供或者无正当理由逾期提供的，应当认定该具体行政行为没有证据。因此属于程序违法。

这是一个典型的行政机关因行政程序违法而承担败诉责任的案例。该案例体现了一个行政法上的基本原则，即正当程序原则。

知识拓展

正当程序原则是指政机关作出影响行政相对人权益的行政行为时，必须遵循的最低限度的程序正义。正当程序原则起源于英国古老的自然正义原则，基本规则是：任何人不应成为自己案件的法官；任何人在受到不利前，应当为他提供听取意见的机会。

（一）正当程序的价值

正当程序的价值有以下三个方面：

1. 为实体公正提供保障

如前所述，实体的公正常常依赖于程序的公正。举个生活中简单的例子，两个人分蛋糕，如何才能把蛋糕分的最公平、最公正呢，有人提出可以测量、计算等，但其实最简单的方法是导入一个程序规则，让切蛋糕的人最后再挑，他一定会尽可能地把蛋糕切的均匀和公平，否则就可能获得不利于他的后果。可见，通过一个简单的程序规则就能获得一个基本公正的实体结果，而且这个结果具有较高的可接受度，不易引发矛盾和争议。这就是程序之于实体结果的重要性。

2. 监督公权力依法行使

赋予行政相对人一系列的程序权利，意味着课以行政机关一定程序义务，行政机关不得不为自己的行为作充分的告知、说明以及明确相应的救济渠道。在这一过程中，行政行为不得不尽量克制恣意、保持正当，以经得起监督和检验。因此，行政程序具有监督公权、保障私权的价值。

3. 程序的开放为公民提供了一个参与国家治理的平台

通过行政程序的参与，公民的法律素养得到提升，参政能力得到锻炼，正当程序对增强公民的法治理性、在全社会营造法治氛围很有助益。

（二）正当程序的基本制度

正当程序的基本制度主要有以下三项内容：

1. 回避制度——自己不能做自己案件的法官

回避制度是指行政机关工作人员在行使职权过程中，如果他与所处理的事务有利害关系，为保证实体处理结果和程序进展的公正性，根据当事人的申请或行政机关工作人员主动请求，有权机关依法终止其职务行使而由他人代为行使的一种法律制度。西方国家将这一制度形象地称为“自己不做自己的法官”。显而易见，如果行政机关工作人员存在某种偏见或与行政相对人存在利害关系，将可能影响行政事务的公正处理。

我国《公务员法》中对回避制度予以了总体规定，公务员执行公务时有下列情形之一的，应当回避：（1）涉及本人利害关系的；（2）涉及与本人亲属有利害关系的，这里的亲属关系包括夫妻关系、直系血亲关系、三代以内旁系血亲关系以及近姻亲关系；（3）其他可能影响公正执行公务的。比如，较为亲密的朋友，或有公开矛盾敌意的等。公务员有应当回避情形的，本人应当申请回避，利害关系人有权申请公务员回避。其他人员可以向机关提供公务员需要回避的情况。机关根据公务员本人或者利害关系人的申请，经审查作出是否回避的决定，也可以不经申请直接作出回避决定。

除《公务员法》这种总括式的规定外，有些单行法律规范也体现了回避制度的基本精神。例如，《行政处罚法》规定，行政处罚的听证由行政机关指定的非本案调查人员主持，如果案件调查人员作听证主持人，就可能会因为对案件具有先入为主的偏见导致听证的不公正。

2. 说明理由制度——不搞执法的突然袭击

说明理由是指行政机关在作出对行政相对人合法权益产生不利影响的行政行为时，除法律有特别规定外，必须向行政相对人说明其作出行政行为的事实因素、法律依据以及裁量时所考虑的政策、公益等因素。说明理由的目的是对行政执法行为予以充分的公开，提高执法行为的可接受度，不说明理由就直接作出不利决定是一种执法上的突然袭击，侵犯公民的知情权，极易产生官民矛盾，执法的社会效果很差。因此说明理由也是正当程序的应有之义。那么说明理由具体包括哪些内容呢？

首先是作出行政行为的事实依据。所谓事实依据应当是一种客观事实，而这种事实是行政程序中行政机关通过合法手段收集的证据予以印证的事实。有些事实即便能够反映客观的真实情况，但如果没有证据证明或是证据通过非法手段获取都不能作为定案的事实依据，不能据此作出对相对人不利的行政行为。

其次是法律依据。法律依据是指行政机关作出行政行为适用了哪一部法律中的哪一个法条，要求对法律依据展示的全面、明确和具体。在法律适用过程中，如果发生法律规定冲突，应当严格按照《立法法》中关于上位法优于下位法、新法优于旧法、特别法优于一般法等规则选择正确的法律规范，并向相对人做好法律释明工作。

事实和法律依据是为了向当事人说明行政行为的合法性。但有时行政机关具有很大的行政裁量权。例如，行政处罚的罚款裁量幅度是很大的，可能几千元到几万元不等，那么行政机关根据违法事实的轻重作出何种处罚，应当给予当事人一定的说明。同时有一些法律概念是不确定的，如“情节严重”“损失较大”这样的概念，行政机关如何判断为“严重”“较大”应当给予当事人一定的说明。对行政裁量权行使的说明通常可以结合行政目的、惯例、公理或者政策等。

3. 听取意见制度——我可以不同意你的观点，但我坚决捍卫你说话的权利

听取意见制度是指行政机关在作出影响行政相对人合法权益决定之前，允许当事人提供证据，听取当事人陈述辩解、发表意见的制度。听取意见制度是从司法程序中援引过来的，为了保证行政处理的公正性。

是不是所有的行为都要听取当事人意见呢？答案是否定的。第一，既然听取意见是针对不利决定的，那么行政机关作出有利处分时，就不必事先听取意见，如颁发行政奖励，批准行政许可等。第二，对于一些对行政效率有较高要求的行为可以不必听取意见，因为听取意见制度会一定程度地降低行政效率，有些行政行为迫于紧急情况必须立刻作出，否则将无法实现行政目的，如危险发生时责令群众疏散、强制醉驾人醒酒等行为。第三，一些行政决定因涉及重大国家利益、公共利益等，在决定作出之前并不向相对人予以公开，这些行为即使对相对人产生一定的不利后果，也不事先征求当事人意见，不履行听取意见的程序。除上述几种特殊情况外，对当事人作出不利处分前都应当听取其意见。

适应行政实践的不同需求，听取意见有很多不同的方式，通常可以分为非正式和正式两种。非正式方式不强调听取意见的形式、行政机关对其具有较大的裁量权，通常情况下给予相对人一个表达意见的渠道和机会即可。但正式的听取意见，我们称之为听证，通常由法律明确规定。这是一种类似于诉讼程序的形式，采取一种三角形结构，听证主持人居中独立，行政调查人员与行政相对人两造对抗，采用言辞辩论方式进行，由于这种方式程序烦琐严格、成本较高，因此一般适用于对当事人权益产生重大影响的情形，我国《行政许可法》《行政处罚法》都有关于听证制度的详细规定。

普法提示

基于行政程序的重要意义，《法治政府建设实施纲要》（2015—2020 年）明确将“完善行政执法程序”作为实现“严格规范公正文明执法”这一任务的具体措施和环节之一；《行政诉讼法》也从判决方式的规定上加大了对行政程序的监督力度，即便是程序瑕疵行政机关也应当承担败诉责任。因此，为更好地实现行政执法的法律效果和社会效果，我们对国家机关工作人员提出如下三方面的建议。

（一）明确正当程序价值，树立正当程序观念

在行政执法中，实体处理结果固然重要，但程序亦有其独立的价值。行政法律关系中，行政机关与行政相对人具有一种天然的不平等性，但程序权利一定程度上实现了双方的“武器平等”，为公权力依法行使提供监督；同时行政程序的开放性，也为公民提供了一个参与政府治理的平台，对提高公民法律素养，培养参政议政能力也具有重要意义。基于此，行政机关应当牢固树立程序意识，消除以往重实体、轻权利的观念顽疾。

（二）遵守法定程序规则，遵循正当程序原则

程序观念的贯彻要求行政机关必须遵守法律规定的程序，包括法定的步骤、方式、时限等。目前我们国家还没有出台一部行政程序法典，缺乏对行政程序统一化、系统性的规范，有关行政程序的规定散见于各单行法律法规中。由于我们在法律制定的过程中，程序规定普遍比较原则、抽象，不具体、可操作性不强，有的甚至缺乏程序规定，在没有法律明确规定时，要求我们遵守“最低限度的程序公正标准”，把握程序公正的底线。[①]包括上面所提到的回避、说明理由、听取意见制度，还包括信息公开、审裁分离等。

---

① 王万华：《中国行政程序法立法研究》，中国法制出版社 2005 年版，第 87 页。

（三）注意程序证据固定，预防程序败诉风险

从司法实践来看，行政机关因程序违法导致败诉的案件不在少数。有些确因行政机关在程序上违反了法律规则或法律原则，有些则是因为不注重行政程序中的记录，以致缺乏证据证明程序的合法性。这就提示我们应当建立较为严格的案卷制度，将行政机关在执法中依法收集、调取的证据或材料予以记录。一是案卷形成的本身是对行政机关恣意行使职权的一种防止，有助于执法人员厘清思路，执法有理有据；二是起到证据固定作用，为进入行政复议或行政诉讼阶段提供充分全面的证据材料。

第三章

监　督

案例一

行政复议

——行政复议是纠正违法行政行为的重要渠道之一

曹实[①]

1999年《行政复议法》开始施行，我国行政复议制度在法律层面由此确立。根据法律规定，行政复议是行政相对人认为行政机关的具体行政行为侵犯其合法权益，依法向行政复议机关提出申请，行政复议机关依照法定程序对被申请的具体行政行为进行合法性审查，并作出行政复议决定的一种法律制度。行政复议既是行政相对人维护自身合法权益的一种渠道，也是行政机关内部纠错与自我监督的重要方式。下面，我们就从一则案例开始初步认识一下什么是行政复议。

案情回顾

李小环是A省B市的一名普通公民，2016年7月27日她向B市住房和城市建设委员会（以下简称住建委）提出政府信息公开申请，要求获取“B市滨海大街改造项目中，平西房地产开发有限公司安置住户的信息”。2016年8月17日，B市住建委书面告知李小环，其要求公开的“安置住户”信息，由于涉及他人隐私，公开后有可能损害第三方合法权益，依法应当

① 北京市西城区人民法院行政庭法官助理。

书面征求第三方意见。

经征询意见后，2017 年 1 月 4 日，B 市住建委作出《政府信息公开申请答复告知书》，对李小环要求公开的“安置住户”信息进行了答复，主要内容为：“该项目涉及安置居民 126 户，我委向该 126 户居民发出征询，告知您申请的内容。截至征询期满，有 1 户居民明确表示同意向您公开安置情况。根据《政府信息公开条例》第二十三条规定现将该户居民的安置情况向您公开。”

收到该答复告知书后，李小环不服，认为 B 市住建委没有尽到信息公开的义务，未完全公开所有安置住户的信息，于是向省住建委申请了行政复议。2017 年 4 月 18 日，省住建委作出《行政复议决定书》，认为 B 市住建委《政府信息公开答复告知书》认定事实不清、主要证据不足且程序违法，决定予以撤销并要求 B 市住建委重新答复。

法理分析

这是一个行政复议对违法行政行为予以纠正的一个典型的案例。这个案例至少体现了两个方面的问题。

第一，根据《行政复议法》第二条的规定，当公民认为行政机关作出的具体行政行为侵犯了自己的合法权益时，行政复议是一条维权的渠道，行政复议机关通过审查具体行政行为的合法性，纠正违法行为，从而保护公民的合法权益，化解行政争议，这是行政复议制度设计的初衷，也是其制度功能之所在。本案中，李小环认为住建委的信息公开答复没有完全回应其申请要求，认为知情权被侵犯从而提起行政复议，这是法律保护的一种维权途径。

第二，根据《行政复议法》第二十八条的规定，行政复议机关在接到申请后，应当从四个方面进行审查：一是事实认定是否清楚；二是法律依据是否正确；三是行政程序是否合法；四是具体行政行为是否适当。本案中针对李小环提出的信息公开申请，省住建委在审查中认为：

首先，《政府信息公开条例》第三十七条规定，对申请公开的政府信息，属于不予公开范围的，应当告知申请人并说明理由。本案中，被申请人在征询第三方意见期间，共向 126 户居民发出征询函，收到回复意见 35 个，其中同意公开的有 1 个，其他 90 户未有反馈意见。被申请人在告知书未对其他不予公开的住户信息说明理由，属于认定事实不清，主要证据不足。

其次，《政府信息公开条例》第三十三条规定，行政机关收到政府信息公开申请，能够当场答复的，应当当场予以答复；不能当场答复的，应当自收到申请之日起 20 个工作日内予以答复；如需延长答复期限的，应当经政府信息公开工作机构负责人同意并告知申请人，延长答复的期限最长不得超过 20 个工作日。行政机关征求第三方和其他机关意见所需时间不计算在本条第二款规定的期限内。本案中，被申请人提交的证据没有体现发出征求第三方意见函以及收到第三方反馈意见的时间，无法证明其在法定期限内作出答复，属于程序违法。

因此根据《行政复议法》第二十八条的规定，决定撤销市住建委作出的《政府信息公开答复告知书》并责令重新答复。

知识拓展

通过这个案例，我们对行政复议有了一个初步的认识。下面我们要以《行政复议法》为依据为大家介绍一下行政复议的基本制度。这一部分我们将回答五个问题：一是行政复议的功能如何定位；二是行政复议的审查如何启动；三是行政复议的范围如何确定；四是行政复议的程序如何进行；五是行政复议决定如何作出。

（一）行政复议的功能定位

探寻《行政复议法》的立法本意，我们可以知道，行政复议是行政系统内部的一种纠错和监督制度，在对违法行政行为进行审查的过程中，化解行政争议，保护行政相对人的合法权益。

行政复议与行政诉讼既有本质区别，又密切联系。虽然行政复议与行政诉讼都是争议化解的渠道，但行政复议机关在行政系统内部，通常是原具体行政行为作出机关的上级主管部门或本级政府，它不同于行政诉讼中法院纯粹的独立第三方的地位，因而在中立性上不如行政诉讼。但较之法院行政复议更专业、更切合行政管理实际，程序上更便捷、对申请人来说成本更低廉。

行政复议这种行政色彩决定了通常情况下它不是终极的纠纷解决或是权利救济渠道。根据司法最终原则，只有在法律法规规定的特定情形下，行政复议具有终局效力，即行政复议决定作出后，行政相对人不得再提起行政诉讼保护自身的合法权益。

行政复议与行政诉讼在衔接上以选择适用为原则、以复议前置为例外。也即行政复议和行政诉讼作为两种救济渠道通常情况下由相对人自由选择，如果选择行政诉讼，就不能再选择行政复议；如果选择行政复议，对复议行为不服还可以选择行政诉讼；但法律有特别规定时，必须先选择行政复议，如公民、法人或者其他组织认为行政机关的具体行政行为侵犯其已经依法取得的自然资源的所有权或者使用权的，应当先申请行政复议；对行政复议决定不服的，可以依法向人民法院提起行政诉讼。

（二）行政复议的启动

行政复议是一种依申请的行为，也即行政相对人提出行政复议申请，行政复议程序才能启动，行政复议制度才能发挥应有的功能。这就涉及四个基本问题，何时申请，谁来申请，如何申请，向谁申请。

1. 谁能申请？申请人通常是与涉案的具体行政行为有利害关系的公民、法人或者其他组织。所谓利害关系就是具体行政行为的作出导致了其权利义务的增减予夺，相反如果具体行政行为没有对公民的权利造成任何影响，他就不能就该行为提起行政复议。

2. 何时申请？根据《行政复议法》的规定，公民、法人或者其他组织认为具体行政行为侵犯其合法权益的，可以自知道该具体行政行为之日起 60 日内提出行政复议申请；但是法律规定的申请期限超过 60 日的除外。

3. 如何申请？行政复议应当体现便民原则，因此申请的提出可以书面，也可以口头；无论何种方式，必须向复议机关交代清楚申请人的基本情况、行政复议请求、申请行政复议的主要事实、理由和时间。

4. 向谁申请？这一问题《行政复议法》第十二条、第十三条、第十四条进行了规定，比较复杂。我们这里掌握核心的几点就是：（1）对县级以上地方政府部门的具体行政行为不服的，由申请人选择，可以向该部门的本级人民政府申请行政复议，也可以向上一级主管部门申请行政复议；（2）对海关、金融、国税、外汇管理等实行垂直领导的行政机关和国家安全机关的具体行政行为不服的，向上一级主管部门申请行政复议；（3）对地方各级人民政府的具体行政行为不服的，向上一级地方人民政府申请行政复议；（4）对国务院部门或者省级政府的具体行政行为不服的，由本部门、本政府自己进行行政复议。

（三）行政复议的范围

行政复议的范围就是哪些行为可以申请复议，这意味着行政复议对行政行为进行监督的广度。

1. 可申请复议的范围。《行政复议法》对范围的规定采取了正面列举和反面排除的体例，也就是说对可以申请复议的行为进行了列举，包括行政处罚、行政强制措施、行政许可、自然资源确权等 11 种，并且规定了兜底条款“认为行政机关的其他具体行政行为侵犯其合法权益的”均可以申请复议。从目前的法律规定来看，行政复议的范围限定在具体行政行为。所谓具体行政行为，一般指行政机关为了实现行政目的、基于行政职权，针对特定相对人作出的设定、变更或消灭其行政法上权利义务的单方行政行为。这种行为的特点是：外部性，其区别于对公务员进行行政处分等内部行为；单方性，其区别于签订房屋征收补偿合同这种双方行为；强制性，其区别于行政指导这种非强制性行为。

2. 可一并申请复议的范围。所谓一并申请是指公民、法人或者其他组织在对具体行政行为申请行政复议时，认为其依据的规定不合法，可以一并向行政复议机关提出对该规定的审查申请。根据《行政复议法》的规定，规章以下不包括规章的规范性文件，行政复议机关可以一并审查。这是由于行政机关的许多行为缺乏上位法依据或上位法依据比较抽象、笼统时往往直接依据规范性文件作出。但规范性文件层级较低，其制定不像行政立法要遵循法定程序，在严谨性有所欠缺。这些规范性文件可以对不特定相对人反复适用，一旦违法影响较大。所以无论是行政复议还是行政诉讼均给予一并提起规范性文件审查留下了空间。

3. 不可申请复议的范围。《行政复议法》对不可申请行政复议的范围予以明确列举，主要包括两种行为：行政机关作出的行政处分或者其他人事处理决定的以及行政机关对民事纠纷作出的调解等行为。前者属于内部行政行为，依照有关法律、行政法规的规定可以提出申诉；后者其行为约束力取决于当事人自愿接受，一旦不服，可以依法通过仲裁或者民事诉讼解决，不必要通过行政复议予以救济。

（四）行政复议的程序

《行政复议法》明确规定，行政复议应当遵循合法、公正、公开、及时、便民原则，这五项原则在行政复议程序中得以体现。行政复议的具体程序可以分为受理、申请材料的发送与答复、决定三个环节。

第一个环节是受理。行政复议申请自行政复议机关负责法制工作的机构收到之日起即受理。但如果经审查发现不符合法律规定的申请，应当在5日内作出不予受理决定；如果符合法定受理条件，但不属于本机关受理的行政复议申请，应当告知申请人向有关行政复议机关提出。

第二个环节是申请材料的发送与答复。行政复议机关受理申请之日起7日内，将行政复议申请书材料发送被申请人。被申请人应当自收到材料的10日内，提出书面答复以及当初作出具体行政行为的证据、依据等。材料的送达体现出行政复议必须公开进行。

第三个环节是决定。行政复议机关应当自受理申请之日起60日内作出行政复议决定；但是法律规定行政复议期限少于60日的除外。情况复杂，经行政复议机关负责人批准，可以适当延长，并告知申请人和被申请人；但是延长期限最多不超过30日。行政复议机关在对被申请人作出的具体行政行为进行审查时，认为其依据不合法，本机关有权处理的，应当在30日内依法处理；无权处理的，应当在7日内按照法定程序转送有权处理的国家机关依法处理。

（五）行政复议的审查和决定

前文所述的主要行政复议的审查流程，以下主要介绍行政复议在实体上如何审查，审查哪些内容。

1. 审查方法。行政复议原则上采取书面审查的方法，但是申请人提出要求或者行政复议机关负责法制工作的机构认为有必要时，可以向有关组织和人员调查情况，听取意见。这体现的是一种效率与公正平衡，复议原则采取书面审查，是基于对效率的追求，体现及时原则。但特定情况下，为查明事实、追求案件结果的公正也应当听取意见。

2. 审查内容。行政复议的审查包括四个方面。一是审查行政行为认定事实是否清楚，证据是否确凿，能否形成完整的证据链条以支撑事实的认定；二是适用的法律规范是否明确、具体、正确，是否违反法律冲突适用规则；三是程序是否符合法律规范，是否违反正当程序原则；四是行政行为的内容是否适当，是否有滥用行政裁量权的情形。

3. 审查决定。在审查的基础上，行政机关作出相应的行政决定。经审查以上四个方面均合法作出维持决定；只要有其中一个方面违法，复议机关依法作出撤销、变更或确认违法决定，必要时，可以附带责令被申请人在一定期限内重新作出具体行政行为；申请人认为行政机关不履行法定职责的，经审查认定被申请人不履行或拖延履行法定责任的，作出履行决定；行政复议机关受理后发现该行政机关没有相应法定职责或者在受理前已经履行法定职责的，作出驳回申请决定。

普法提示

《行政复议法》已经颁布20年，其间行政法理念在更新、行政诉讼等相关制度也在变革，未来行政复议的发展方向如何，行政机关及工作人员在行使复议权时又有哪些需要注意的呢？

1. 要准确把握行政复议的范围，让复议成为行政争议化解的主渠道。《行政复议法》将复议的审查范围限定在具体行政行为上，这是与当时的诉讼制度相对接的考虑，与行政复议制度的发展水平相适应。但随着复议实践的积累，复议机关能力和水平的提升，应当进一步扩大行政复议受案范围，与变革后的行政诉讼受案范围相衔接，为公民提供无漏洞的权利保护机制，将更多的行政争议化解于行政程序阶段。

2. 严格遵守行政复议法定程序，最大程度地发挥复议的比较优势。较之其他手段，行政复议程序具有灵活、便捷、高效、成本低廉、专业性强、贴合行政管理实践等优势，但由于设置行政系统内部，采用书面审查等，其公正性也受到群众的质疑。这就要求我们复议机关严格遵守复议法定程序，加强复议公开力度，涉及重大权益时加大听证的范围和力度，以程序公正促实体公正，增加复议的公信力，提高纠纷解决的社会效果。

3. 提升复议机关应诉能力，在司法倒逼作用下提升复议的法治化程度。行政复议作为一种争议化解的制度，应当与诉讼良性衔接，优势互补，形成合力。目前《行政诉讼法》确立了复议机关作共同被告制度，复议机关的涉诉量大幅增加，这对复议行为既是一种监督，也是一种敦促。复议机关应当进一步重视应诉工作，树立证据意识，提升应诉能力和水平，在司法倒逼作用下，不断提升行政复议的法治化程度。

案例二

行政诉讼（上）

——何谓行政诉讼

郑炳汝[①]

说到诉讼，很多人可能想到法官判刑以及鸣鼓喊冤，请求法官主持正义。确实诉讼与法院密不可分，没有法院、法官真的没有诉讼。诉讼是一种司法程序，我国的诉讼有民事诉讼，如离婚、欠款等官司，还有刑事诉讼，如杀人、抢劫、打架致重伤等而引起的官司。今天我们要说的是行政诉讼。那么，何谓行政诉讼呢？咱们先看一个司法案例。

案情回顾

原告郭大山被行政处罚案。

2017 年 5 月 20 日，家住北京郊区的郭大山和朋友约好外出购物，就开着其名下的京牌小轿车出门了。因郭大山行驶的二环主路异常拥堵。郭大山心里着急，就在车辆行驶至 A 区西二环主路时，在应急车道内超车。忽然有交警骑摩托超越了郭大山的车，并示意郭大山停车。交警敲开郭大山的车窗后，告知其有在应急车道内行驶的交通违法行为。交警询问郭大山原因，郭大山很委屈，说只是在应急车道超车，没在里面长期行驶。北

① 北京市西城区人民法院行政庭法官。

京市公安局公安交通管理局A区交通支队楼门口大队（以下简称楼门口大队）告知了郭大山违法的基本事实、处罚依据及金额等相关权利和义务后，听取了其陈述辩解意见，因其理由不能成立，故未予采纳。同时，根据相关规定决定给予郭大山罚款200元，记0分，作出了《公安交通管理简易程序处罚决定书》。郭大山对此处罚决定不服，将处罚决定的作出方——楼门口大队诉至A区人民法院（以下简称A法院），其起诉称：本人驾驶小型客车行驶至A区二环主路时被交警拦至应急车道内，交警告知不能在应急车道内行驶，本人声称未在应急车道行驶，所以要求法院撤销楼门口大队的处罚决定，并提交了处罚决定作为证据。

楼门口大队答辩称，被诉处罚决定认定事实清楚、证据充分、适用法律法规正确、程序合法、处罚适当，故请求法院维持作出的行政处罚决定，驳回郭大山的诉讼请求。并提交了两名交通民警的执法记录两份、执法记录仪录像一份，用于证明楼门口大队民警发现郭大山实施违法行为的过程以及对郭大山违法行为实施处罚的过程。还提交了被诉处罚决定（存档联），用于证明处罚决定已送达郭大山。

时隔不久，A法院向郭大山和楼门口大队分别送达了开庭传票，通知了开庭时间。经过公开开庭审理，A法院经审查郭大山和楼门口大队提交的证据后认定存在如下事实：郭大山驾驶小型客车行驶至A区二环主路时，存在非紧急情况下在应急车道内行驶的交通违法行为。被现场执勤民警发现并拦截未果，即通过对讲机通知另一现场执勤民警当场拦截纠正。执勤民警告知了其违法的基本事实、处罚依据及金额等事实的同时，根据《北京市实施〈中华人民共和国道路交通安全法〉办法》第九十七条第五项的规定、《机动车驾驶和使用规定》第六十六条第一款的规定，决定给予罚款200元、记0分，作出了处罚决定。

基于以上法律事实，A法院认为：根据相关规定，警车、消防车、救护车、工程救险车在执行紧急任务时，可以在应急车道内行驶，其他机动车不得在应急车道内行驶；驾驶机动车违反规定在应急车道内行驶或者停车的，处200元罚款。同时，对违法行为人处以警告或者200元以下罚款的，可以适用简易程序；适用简易程序处罚的，可以由1名交通警察作出；交通警察应当口头告知违法行为人违法行为的基本事实、拟作出的行政处罚、依据及其依法享有的权利，处罚决定书应当由被处罚人签名、交通警察签名或者盖章，并加盖公安机关交通管理部门印章，应当当场交付被处罚人。

本案中，在案的执法记录等证据相互印证，能够证明郭大山驾驶小型汽车有非紧急情况在应急车道内行驶的交通违法事实，楼门口大队交通警察当场对其作出处罚决定，郭大山亦当场接受并签收处罚决定。楼门口大队对郭大山所作处罚决定认定事实清楚，适用法律正确，处罚程序合法。所以A法院判决驳回郭大山的诉讼请求。郭大山不服A法院的判决，提起上诉。二审法院维持了A法院的判决。

上面给大家讲的故事就是一个典型而简单的行政诉讼案例。行政诉讼就是行政相对人与行政主体在行政法律关系领域发生纠纷后，依法向人民法院提起诉讼，人民法院依法定程序审查行政主体的行政行为的合法性，并判断相对人的主张是否妥当，以作出裁判的一种活动。[①]简单说，就是法院审理“民告官”案件。具体到上面的故事，行政相对人就是郭大山，行政主体就是楼门口大队，上述案例发生的行政法律关系领域就是交通管理的领域，法定程序就是案件受理、应诉、送达、审理和判决等。那么问题来了，这明明是一个公说公有理、婆说婆有理的案子，法院为什么就听信了楼门口大队的答辩，而没有相信郭大山声称的未在应急车道行驶的说法呢？

---

① 薛刚凌：《行政诉讼法学》，华文出版社1998年版，第2页。

法理分析

上述案例中，郭大山和楼门口大队在打官司。在这里，我也想问一下各位读者，打官司打的是什么？有人说耐心，有人说关系，还有人说智谋。其实都不是，我以一个法官的身份负责任地告诉大家，打官司打的是证据。这也就是法律事实与客观事实的差别。法官只能依靠证据来还原行政行为作出期间的事实，这种依靠证据还原来的事实可能有的时候并不是真的事实。比如，在行政案件中，原告要求被告履责，给予答复。被告辩称客观事实是已答复，但未提交任何证据予以证明，我们在判决中只能认定未履行答复的法定职责。这就是法律事实。再回到刚才的案例，刚才读者的问题归根到底其实也就是原被告所承担的举证责任以及行政诉讼中相关证据规则问题。

刚才说过了，行政诉讼简单说，就是“民告官”，它绝对区别于民事诉讼中“民告民”。一个重要的区别证据规则是民事诉讼实行“谁主张，谁举证”，原告承担更多的举证责任，举证的侧重点在于主张方的事实基础和合法性上。行政诉讼中的证据规则是“谁行为，谁举证”。《行政诉讼法》第三十四条也对此作出规定，即“被告对作出的行政行为负有举证责任，应当提供作出该行政行为的证据和所依据的规范性文件”。回到刚才的案例中，整个案件的行政行为是什么？就是楼门口大队的处罚决定。所以案件中的基本举证责任是由行政机关，也就是被告楼门口大队承担的，它的证明要求的侧重点在自己作出的行政行为的合法性上，具体到刚才的案例中，也就是说被处罚的事实是否存在？该事实是否合法？

看一下刚才的案例中，原被告双方的举证。原告郭大山只提交了处罚决定。但是该处罚决定作为行政处罚行为的载体，是我们这起官司审查的对象，就是说审的就是这个处罚决定合不合法，从逻辑上讲，也不能用待审查对象本身来证明待审查对象合不合法，因为它本身的合法性就是个未知数。除此之外，郭大山没有提供其他的证据。而被告楼门口大队除了处罚决定的存档联，还提交了两名交通民警的执法记录两份、执法记录仪录像一份。前者在证据的形式上叫书证；后者是录像，在证据的形式上叫视听资料。所以，在案例中，被告楼门口大队用两份证据形式来说服法官，其作出的行政行为是合法的，楼门口大队完成了其行政行为的说服责任。原告郭大山在我们日常的审判实践中，可能不认可该两份证据，但是他没有提供任何一份证据来证明被告提供的两份证据不足以证明行政行为的合法性。

知识拓展

刚才的案例其实有很多丰富的知识点，我们选取一些普遍的法律常识给大家拓展一下吧。该部分我们从行政诉讼参加人、管辖、法院的裁判结果三个方面简单介绍一下行政诉讼的相关规则、制度。

（一）行政诉讼参加人

往下讲之前，我们得先说称呼。就像人与人之间的相识也得先有称呼。郭大山和楼门口大队都是行政诉讼参加人。行政诉讼参加人是指依法参加行政诉讼活动，享有诉讼权利，承担诉讼义务，并且与诉讼争议或诉讼结果有利害关系的人。参加人包括当事人、第三人以及诉讼代理人。当事人通常包括原告、被告。就好像我们人类在人生的不同阶段有不同的称谓一样，在行政诉讼的不同阶段，当事人也有不同的称谓：一审中，称为原告和被告、第三人；二审中，称为上诉人和被上诉人；审判监督程序中，称为申诉人和被申诉人；执行程序中，称为申请执行人和被申请执行人。行政诉讼中，当事人的称谓不仅仅是一个名称问题，它直接表明了当事人在行政诉讼中的诉讼地位及所享有的诉讼权利和应承担的诉讼义务。

具体到上述案件中，原告是郭大山，被告是楼门口大队。如果在上述案件中，郭大山请了律师，律师就是基于郭大山的委托授权而代为诉讼的委托代理人。如果郭大山在诉讼中拿出了精神病人证明，则其无诉讼行为能力，根据法律规定而代替其进行诉讼活动的郭大山的配偶、父母、子女等人是法定代理人。

（二）管辖

其实在我刚才讲上面的案例故事时，可能很多读者就有这么一个疑问，家住北京郊区的郭大山为什么非要舍近求远到 A 法院去状告楼门口大队呢？而不是在其家门口的北京郊区法院呢？其实这就是一个管辖问题。

管辖，简言之，就是归哪个法院管。众所周知，我国的法院分为基层人民法院、中级人民法院、高级人民法院、最高人民法院四级法院，我国实行两审终审制。以北京为例，北京有 16 个基层人民法院，4 个中级人民法院，1 个高级人民法院。这么多法院，上述案例中的郭大山为什么非要到 A 法院去状告楼门口大队呢？这就是因为管辖的原因。

管辖分为级别管辖、地域管辖还有裁定管辖。级别管辖就是指根据法律规定，向四级法院中的哪一级起诉，地域管辖就是根据法律规定，向同级别的哪一个地方的法院起诉。裁定管辖就是根据人民法院的裁定而不是法律的规定而确定的管辖。三类管辖中，级别管辖是明确管辖权的前提条件，是基础。地域管辖是结果，是最终确定一审行政案件管辖的依据。

《行政诉讼法》第十四条明确规定，基层人民法院管辖第一审行政案件。第十八条又规定，行政案件由最初作出行政行为的行政机关所在地人民法院管辖。所以上述案例中，郭大山向作出行政处罚决定的楼门口大队所在地区的基层人民法院，也就是A法院提起行政诉讼。

（三）法院裁判结果

上述案例中，郭大山对于一审法院的判决结果不服而向W中院提起上诉。那么，一审法院的裁判结果都有什么呢？共八类。也就是：1.裁定驳回起诉；2.裁定撤诉；3.判决驳回原告诉讼请求；4.判决撤销或部分撤销行政行为；5.责令作为；6.确认无效；7.确认违法；8.变更。1和2为未从实体上裁判，3至8为实体判决。以下我们详细阐述。

1.裁定驳回起诉

《最高人民法院关于适用〈中华人民共和国行政诉讼法〉的解释》第六十九条第一款和第二款进行了明确罗列，即有下列情形之一，已经立案的，应当裁定驳回起诉：

（1）不符合行政诉讼法第四十九条规定的；

（2）超过法定起诉期限且无行政诉讼法第四十八条规定情形的；

（3）错列被告且拒绝变更的；

（4）未按照法律规定由法定代理人、指定代理人、代表人为诉讼行为的；

（5）未按照法律、法规规定先向行政机关申请复议的；

（6）重复起诉的；

（7）撤回起诉后无正当理由再行起诉的；

（8）行政行为对其合法权益明显不产生实际影响的；

（9）诉讼标的已为生效裁判或者调解书所羁束的；

（10）其他不符合法定起诉条件的情形。

前款所列情形可以补正或者更正的，人民法院应当指定期间责令补正或者更正；在指定期间已经补正或者更正的，应当依法审理。

2. 裁定撤诉

撤诉有以下几种：

（1）原告申请撤诉。

当事人的诉讼权利是其正当的权利，权利在不损害他方权利时可以自由处分，此即法理上的“权利自治原则”。当事人有提起诉讼的权利，也有撤回诉讼的权利。法院是否准许，取决于是否会损害他人利益、国家利益以及社会公共利益。

（2）视为撤诉。

该情形有二：第一为《行政诉讼法》第五十八条规定的“经人民法院传票传唤，原告无正当理由拒不到庭，或者未经法庭许可中途退庭的，可以按照撤诉处理”。第二为《最高人民法院关于适用〈中华人民共和国行政诉讼法〉的解释》第六十一条规定的“原告或者上诉人未按规定的期限预交案件受理费，又不提出缓交、减交、免交申请，或者提出申请未获批准的，按自动撤诉处理”。

需要着重说明的是，除了因案件受理费问题视为撤诉的以外，其他撤诉以及视为撤诉的情形，均会发生一事不再理的效果，这是行政诉讼区分于民事诉讼的重大区别。

3. 判决驳回原告诉讼请求

此种情形也就是通常意义上的原告败诉，被告胜诉。也就是原告所诉的行政行为证据确凿，适用法律、法规正确，符合法定程序的，或者原告申请被告履行法定职责或者给付义务理由不成立的。

4. 判决撤销或部分撤销行政行为

此种情形也就是通常意义上的被告败诉，原告胜诉。此种情形可以判决被告重新作出行政行为，也可以不判决被告重新作出行政行为。是否判决重做，取决于法官对案件审理后的自由裁量权。原告所诉的行政行为有主要证据不足的、适用法律、法规错误的、违反法定程序的、超越及滥用职权的、明显不当的，均会导致撤销行政行为的判决。

5. 责令作为判决

此种判决一般适用于起诉行政机关不作为案件中。如果法院经审查，被告负有履行法定职责义务、给付义务，而未履行的，会判决被告在一定期限内履行义务。

6. 确认无效判决

该无效会发生行政行为作出之日起，自始无效的法律后果。

7. 确认违法判决

在某种意义上，确认违法判决是对违法行政行为的“宽容”和妥协，该判决作出后，意味着行政行为是有效的，只是宣告了该行政行为违法。

8. 变更判决

行政处罚明显不当，或者其他行政行为涉及对款额的确定、认定确有错误的，人民法院可以判决变更。对此类判决，明确了行政诉讼法的诉讼禁止不利变更原则，即不得加重原告的义务或者减损原告的权益。但利害关系人同为原告，且诉讼请求相反的除外。

普法提示

行政诉讼就是行政相对人与行政主体在行政法律关系领域发生纠纷后，依法向人民法院提起诉讼，人民法院依法定程序审查行政主体的行政行为的合法性，并判断相对人的主张是否妥当，以作出裁判的一种活动。在行政诉讼中，原告只能是行政相对人，即认为行政机关和行政机关工作人员的行政行为侵犯其合法权益的公民、法人或者其他组织，被告只能是作出行政行为的行政机关或者法律、法规授权的组织，他们拥有实现其代表的国家意识的手段。《最高人民法院关于适用〈中华人民共和国行政诉讼法〉的解释》的第十二条至第十八条对诸多具体情形下的原告作出了具体的解释，第十九条至第二十五条对诸多具体情形下的被告作出了明确的规定。

行政诉讼的举证责任是指由法律预先规定，在行政案件的真实情况难以确定的情况下，由一方当事人提供证据予以证明，如提供不出证明相应事实情况的证据则承担败诉风险及不利后果的制度。[①] 行政诉讼证据规则是“谁行为，谁举证”，由行政机关证明其作出的行政行为的合法性，也就是说由行政机关自证清白。所以，我们行政机关工作人员在日常的行政管理中，要严格依法行政，并做好证据的留存与固定。

① 柴发邦:《当代行政诉讼基本问题》，中国人民公安大学出版社 1989 年版，第 119~120 页。

案例三

行政诉讼（下）

——行政机关负责人出庭应诉制度

郑炳汝[①]

行政机关负责人出庭应诉制度是2014年《行政诉讼法》的亮点之一，因为这个制度在行政诉讼法有专门的条文，《最高人民法院关于适用〈中华人民共和国行政诉讼法〉的解释》也设了专门章节，用了第一百二十八条至第一百三十二条5个条文来解释这一重大的亮点制度。下面，我们先看一个小故事。

案情回顾

原告马小凤要求被告北京市A区住房和建设委员会要求核发房产证一案。

2015年10月，A区人民法院（以下简称A法院）受理了原告马小凤诉被告北京市A区住建委（以下简称A住建委）要求核发房产证一案，因原告与开发商签订的《北京市商品房预售合同》中记载的原告身份证号码多填写了一位数，与身份证实际内容不符，原告一直没能取得房产证。在马小凤向A住建委申请未果后，向法院提起行政诉讼，要求被告A住建委

① 北京市西城区人民法院行政庭法官。

履行为其核发房产证的法定职责。当时正值我国不动产登记机构调整时期，原属于A住建委的部分职责调整为由市国土局不动产登记部门行使，但对此原告并不清楚，起诉被告的主体错误，A法院法官对其进行了诉讼指导，在变更市国土局作为被告后，法官了解到要实现原告的诉讼请求，需要开发商提供更正的说明、需要A住建委向市住建委申请电脑修改的授权、需要国土部门依据住建委的更正依法颁发房产证这几个环节。该法院抓住被告市国土局委托A国土分局副局长作为诉讼代理人出庭应诉的有利条件，及时与行政机关负责人沟通，抓住上述关键环节，保障了该案的实质性解决。起诉后一个月，原告成功拿到了房产证，并办理了撤诉手续。

这个案例可能有读者会说，A国土分局副局长作为一个机关的二把手，为什么会出庭应诉？这个情况是因为什么呢？很简单，因为法律的明确规定。

法理分析

本部分我们从行政机关负责人出庭应诉的立法沿革入手，对行政机关负责人出庭应诉做一个全面的解析。

（一）立法沿革

行政诉讼简单说，就是法院审理“民告官”案件。但在审判实践中常常是“告官不见官”，行政机关出庭应诉的往往是其工作人员，甚至只有委托的律师出庭，长期以来，群众对此意见较大。国务院2010年发布的《国务院关于加强法治政府建设的意见》[①] 明确规定：完善行政应诉制度……对

① 根据《国务院关于宣布失效一批国务院文件的决定（2016）》，该意见已失效。

重大行政诉讼案件，行政机关负责人要主动出庭应诉。根据这一要求，近年来一些地方开始建立行政机关负责人出庭应诉制度，取得了非常好的社会效果。如河北省 2014 年 8 月颁布了《关于建立行政机关负责人行政诉讼出庭应诉制度的通知》，要求各行政机关负责人要充分认识建立行政机关负责人行政诉讼出庭应诉制度的重要意义，主要负责人要在行政诉讼中积极自觉地出庭应诉，做到出庭、“出声”、出效果，并要求将出庭应诉工作纳入年度依法行政考核指标体系，并进行责任追究。

在修改行政诉讼法的过程中，有些常委委员、地方、法院和社会公众提出，行政诉讼是“民告官”的制度，应当对行政机关负责人出庭应诉提出要求。于是行政负责人出庭应诉制度在 2014 年《行政诉讼法》中应运而生。为进一步细化行政机关负责人出庭应诉制度，《最高人民法院关于适用〈中华人民共和国行政诉讼法〉的解释》设了专门章节，用了 5 个条文来进一步阐明该制度。

确立行政机关负责人出庭应诉制度具有重要意义：

一是有利于有效化解行政争议。行政机关负责人出庭应诉，体现了对司法审判活动的尊重，也体现了双方诉讼地位的平等。在诉讼中，行政相对人与行政机关负责人直接面对面，陈述其主张和理由，缓和了与行政机关的对立情绪，有利于行政纠纷的解决。另外，行政机关负责人亲自出庭，就本机关作出行政行为的合法性向原告当面阐明，同时当面听取原告一方的主张和理由，有利于促进双方换位思考，相互理解，打开心结，化解矛盾，解决争议，实现法律效果与社会效果的双赢。

二是有利于提高行政机关负责人的法治意识，推进行政机关依法行政。出庭应诉的过程，实际上也是一个法制教育的过程。通过亲自参加庭审，行政机关负责人可以进一步增加对相关法律知识的了解，认识到本机关在执法活动中存在的问题，从而有助于其增强依法行政的意识，更好地做好本机关的依法行政工作。

三是有利于增强人民群众对法的信心，提高全社会的法治观念。行政机关负责人出庭应诉，表明了行政机关积极应诉的态度，也表明了行政机关对人民群众和法律、司法机关的尊重，这会产生良好的社会效果，营造良好的法治氛围，使人民群众增强对法律的信心，形成通过法律手段维护自身合法权益的习惯，这有助于全社会法治意识的提高，也有助于法治社会的建设。

（二）法条解析

1. 行政机关负责人

《最高人民法院关于适用〈中华人民共和国行政诉讼法〉的解释》第一百二十八条规定了行政机关负责人的范围，即行政机关负责人，包括行政机关的正职、副职负责人以及其他参与分管的负责人。这一规定中的正职好理解，一般就是行政机关的一把手；副职也好理解，一般是称谓前加“副”字的领导，如副局长，副主任等。其他参与分管的负责人，听起来貌似让大家很迷茫，其实就是单位出具证明的参与分管的负责人，司法实践中，往往是调研员、管理委员会委员、政治处主任等不一而论，因为每个单位的管理体系不尽相同，故无法一一罗列。

2. 应当出庭应诉的内涵

《行政诉讼法》规定，“被诉行政机关负责人应当出庭应诉。不能出庭的，应当委托行政机关相应的工作人员出庭”，这里用的是“应当”而非“可以”，二者在法律上的意义有很大区别，“应当”带有强制性，有必须的意思。《最高人民法院关于适用〈中华人民共和国行政诉讼法〉的解释》第一百二十九条第一款细化规定了行政机关负责人没有任何例外必须出庭的情形，即“涉及重大公共利益、社会高度关注或者可能引发群体性事件等案件以及人民法院书面建议行政机关负责人出庭的案件”。那么，上述类型的案件中，行政机关负责人坚持不出庭，会有什么后果呢？《最高人民法院关于适用〈中华人民共和国行政诉讼法〉的解释》也明确规定了“人民法院书面建议行政机关负责人出庭应诉，行政机关负责人不出庭应诉的，人民法院应当记录在案和在裁判文书中载明，并可以建议有关机关依法作出处理”。

如果行政机关负责人出庭应诉，应提交哪些手续呢？应当向人民法院提交能够证明该行政机关负责人职务的材料。审判实践中，该材料一般为负责人的工作证件、单位加盖公章的函等。

3. 行政机关负责人不能出庭应诉的说明义务

《最高人民法院关于适用〈中华人民共和国行政诉讼法〉的解释》第一百二十九条第三款细化规定了行政机关负责人有正当理由不能出庭应诉的说明义务，即“行政机关负责人有正当理由不能出庭应诉的，应当向人民法院提交情况说明，并加盖行政机关印章或者由该机关主要负责人签字认可”。实践中，行政机关负责人可能真的由于某种客观原因无法出庭，对其规制则更加严格。必须提交情况说明，意味着将上述情况载入法院的审理卷宗，既是对行政机关履行行政机关负责人出庭应诉制度的一种监督，又是对行政机关的一种制约。在法学理论上讲，“应当”是给行为人设定了义务的，而且是一种必要的法律义务，违反了，要承担相应的法律责任。违反了应当有的说明义务，会发生什么后果呢。《最高人民法院关于适用〈中华人民共和国行政诉讼法〉的解释》也规定了“行政机关拒绝说明理由的，不发生阻止案件审理的效果，人民法院可以向监察机关、上一级行政机关提出司法建议”。

4. 行政机关负责人不能出庭应诉制度的补救措施

《行政诉讼法》第三条规定了“不能出庭的，应当委托行政机关相应的工作人员出庭”。《最高人民法院关于适用〈中华人民共和国行政诉讼法〉的解释》第一百二十八条也规定了“行政机关负责人不能出庭的，应当委托行政机关相应的工作人员出庭，不得仅委托律师出庭”。这里需要说明两点：第一，何为相应的工作人员；第二，工作人员的必须出庭义务。

先说第一点，相应工作人员的范围。《最高人民法院关于适用〈中华人民共和国行政诉讼法〉的解释》第一百三十条明确了相应工作人员的范围，即“该行政机关具有国家行政编制身份的工作人员以及其他依法履行公职的人员。被诉行政行为是地方人民政府作出的，地方人民政府法制工作机构的工作人员，以及被诉行政行为具体承办机关工作人员，可以视为被诉人民政府相应的工作人员”。这说明出庭应诉的工作人员不能是行政机关的临时工作人员，必须是固定的、长期的依照法律、法规履行公职的人员，这个解释缩小了工作人员的范围，也明确了工作人员的内涵。

第二点，工作人员必须出庭，不能仅委托律师出庭。尽管行政诉讼法律制度规定了委托代理制度，但行政诉讼毕竟有其特殊性。行政诉讼的一方是行政主体，通常表现为行政机关，是依照宪法和行政组织法的规定而设置的行使国家行政职能的国家机关，这些机关通常执行法律、管理国家内政和外交事务等。与行政诉讼的另一方当事人——行政相对人相比，行政机关具有优益性、强大性。在此情况下，行政机关只委托律师出庭，必然会加剧行政相对人的抵抗心里，也不利于纠纷的解决。只委托律师出庭也是对法律强制义务的一种违反，也必然会带来相应的法律后果。

通过以上分析可知，对于诉讼代理人问题，应诉机关要认真研究案情，指派熟悉情况和具备一定法律知识的人员代理应诉。确保在法定期限内向法院提供事实证据、法律依据和答辩状，委托律师出庭应诉的，本单位相关工作人员必须共同出庭应诉，这样有利于从事实认定、执法程序、适用法律方面做到互补。

知识拓展

无论是上一讲的原告郭大山诉被告楼门口交通大队行政处罚案例，还是本讲所述的原告马小凤诉被告A住建委要求核发房产证一案，从审理程序上说，都是一审程序。所以本部分中，我们拓展一下行政诉讼法浓墨重笔所述的普通程序和简易程序。那么，何为普通程序，何为简易程序呢？二者的区别主要在于审判组织和审理期限。之后我们再顺便普及一下二审程序。

（一）普通程序

普通程序是行政诉讼一审案件的常用程序。该程序的审判组织一般是合议庭，这也是行政审判的基本组织。合议庭依法律规定由3人以上的单数法官或者法官和人民陪审员组成。如果合议庭成员全部都是法官，则审判长由法院院长或者行政审判庭庭长指定，如果法院院长或者行政审判庭庭长参加合议庭，则其必然是审判长。合议庭实行少数服从多数原则，应自始至终参加对案件的审理活动。该程序中，法院的审理期限为6个月，即应在立案之日起6个月内审理完毕。

（二）简易程序

该程序中的审判组织是法官一人独任审判，不必组成3人以上的单数合议庭，且应在立案之日起45日内审理完毕。该程序是2014年《行政诉讼法》增加的内容。简易程序是与普通程序相对的程序，在起诉手续、传唤当事人方式、审理程序以及审理期限等方面都做了简化。

（三）行政诉讼一审程序应诉期限与内容

行政诉讼中，尤其是普通程序中，法院向被告发送起诉材料、被告提出答辩、向原告发送答辩材料均有明确的期限规定，超过就要承担不利后果。因为本书读者主要是国家机关工作人员，所以在此部分主要向大家说明行政机关的答辩期限和应诉准备内容。《行政诉讼法》第六十七条明确规定，行政机关应当在收到起诉状副本之日起15日内向人民法院提交作出行政行为的证据和所依据的规范性文件，并提出答辩状。

该条文阐释了两个关键点，第一是期限上，15天，这是法律规定的死期限，这个时间包括周末及法定节假日，并不是自然日，如果最后一天是周末及法定节假日，则自动顺延至工作日第一天。逾期提供的，视为被诉行政行为没有相应的证据。

第二是应诉准备内容上，需要15天之内提交答辩状、证据、所依据的规范性文件三种，这既是行政机关依法行政的需要，又是行政审判的必要。证据也是我们审判过程中必须要审查的材料，也往往作为行政行为相对人，也就是行政诉讼中的原告方格外关注的部分，因为法律还规定，如果未能按期提交材料视为举证不能，要承担不利后果。在案件审理的过程中也有不少行政机关因为证据材料提交的不完全，或者没有能够按时提交证据材料造成了一定程度上工作的被动，导致诉讼的不利后果。

（四）二审程序概述

二审程序，又称上诉审程序，是指一审法院作出裁判后，诉讼当事人不服，在法定期限内提请一审法院的上一级法院重新进行审理并作出裁判的程序。比如，上一讲的案例中，郭大山不服A法院判决，在15天之内提请W中院审理的程序。该程序和一审程序的不同主要表现在以下几个方面：

1. 发起程序的主体不同。一审程序的发起者只能是原告一方。二审程序的发起者，即有权利提起上诉的，可以是原告、被告、第三人中的任何一方或者多方。

2. 发起方式不同。如前所述，一审的发起方式一般为书面起诉状，特殊条件下可以口头起诉，只是需要法院记入笔录，并告知对方当事人。二审则需要递交上诉状。

3. 审理期限不同。一审审理期限普通程序为立案之日起 6 个月，简易程序为立案之日起 45 天。二审的审理期限为收到上诉状之日起 3 个月。

4. 判决方式不同。不同于上述一审 8 种裁判方式，二审的裁判只有维持原判、改判、撤销后发回一审法院重审几种裁判方式。具体适用情形见《行政诉讼法》第八十九条。

普法提示

1. 行政机关负责人出庭应诉制度是一项重要制度，贯穿于一审、二审、再审等各个审判阶段。

2. 行政机关负责人包括行政机关的正职、副职负责人以及其他参与分管的负责人。

3. 行政机关负责人有正当理由不能出庭应诉的，应当向人民法院提交情况说明，并加盖行政机关印章或者由该机关主要负责人签字认可。

4. 行政机关负责人不能出庭的，应当委托行政机关相应的工作人员出庭。

案例四

国家赔偿

——行政赔偿和司法赔偿的范围和内容

王震①

案情回顾

（一）案情经过

腾龙运输有限责任公司不服被告A市交通执法总队作出的《不予赔偿决定书》，向A市人民法院提起行政诉讼。经审理查明，2015年9月2日，A市交通执法总队曾对该公司作出《扣押车辆决定书》以及《行政处罚决定书》。在法定期限内，该公司并未对上述扣押决定书、处罚决定书申请行政复议或者提起行政诉讼。2016年11月10日，该公司向A市交通执法总队邮寄了一份《赔偿申请书》，申请赔偿因扣押车辆造成停止经营期间的经济损失110000元；赔偿安排旅客改乘费用9010元。2016年11月14日，A市交通执法总队收到《赔偿申请书》，2017年1月12日，A市交通执法总队作出驳回赔偿请求人的全部行政赔偿要求、不予赔偿的决定。腾龙运输有限责任公司对此不服，故向法院提起行政诉讼，要求撤销被诉决定。

① 北京市西城区人民法院行政庭法官助理。

（二）裁判理由

法院认为，按照《国家赔偿法》第四条、第九条的规定，赔偿请求人腾龙运输有限责任公司要求行政赔偿，应以行政机关及其工作人员在行使行政职权时有侵犯财产权的违法行为为前提。《最高人民法院关于审理行政赔偿案件若干问题的规定》第二十一条第四项规定：加害行为为具体行政行为的，该行为已被确认为违法，系赔偿请求人单独提起行政赔偿诉讼的条件之一。因此，赔偿请求人即所主张的加害行为已被行政机关或者人民法院确认违法是赔偿请求人针对具体行政行为单独提起行政赔偿诉讼必要的起诉条件。

本案中，腾龙公司所主张的加害行为是A市交通执法总队作出的车辆扣押决定，其在向作为赔偿义务机关的市交通执法总队提起赔偿请求之前，未就前述扣押决定书、处罚决定书申请行政复议或者提起行政诉讼，亦未举证证明该行为已被确认为违法，不符合单独提起行政赔偿诉讼的起诉条件，对其起诉，应予驳回。

（三）裁判结果

最终，法院依据《最高人民法院关于审理行政赔偿案件若干问题的规定》第二十七条第二款之规定，裁定驳回原告腾龙运输有限责任公司的起诉。

这就是非常典型的国家赔偿案件，更具体点说是行政赔偿案件。那么究竟什么是国家赔偿，它包括哪些内容？它和行政赔偿、国家补偿的关系是什么？

法理分析

（一）单独提起行政赔偿诉讼需以具体行政行为被确认违法为前提

该条规定存在于《最高人民法院关于审理行政赔偿案件若干问题的规定》第二十一条，赔偿请求人单独提起行政赔偿诉讼，应当符合下列条件：

（1）原告具有请求资格；

（2）有明确的被告；

（3）有具体的赔偿请求和受损害的事实根据；

（4）加害行为为具体行政行为的，该行为已被确认为违法；

（5）赔偿义务机关已先行处理或超过法定期限不予处理；

（6）属于人民法院行政赔偿诉讼的受案范围和受诉人民法院管辖；

（7）符合法律规定的起诉期限。

前述典型案例即依据该规定第四项作出裁判的。

前述案例的争议焦点为，在具体行政行为未经法定程序、未经有权机关确认违法前，原告单独向人民法院提起行政赔偿诉讼是否符合起诉条件。

1. 确认行为违法是行政赔偿责任的归责原则和构成要件

现行《国家赔偿法》经过修正后在总则部分第二条去掉了“违法”字样，但并不意味着违法归责原则被《国家赔偿法》所摒弃，相反，违法归责原则仍是国家赔偿的主要归责原则，特别是在行政赔偿诉讼中，违法归责原则的规定更为具体和明确。根据《国家赔偿法》第三条、第四条之规定可以看出，在行政赔偿诉讼中，违法归责原则为行政机关承担行政赔偿责任的基本准则，这也是行政赔偿责任的基本构成要件，即只有存在违法行为，国家才承担国家赔偿责任。

国家赔偿的构成要件是国家承担赔偿责任所要具备的条件，是国家赔偿归责原则的具体化。根据《国家赔偿法》的相关规定及理论，违法的执行职务行为是国家赔偿责任的构成要件之一，即只有在执行职务行为系违法行为的情况下才会引起国家赔偿责任。行政赔偿作为国家赔偿中的一种，根据国家赔偿责任的归责原则及《国家赔偿法》第三条、第四条的规定，若需承担行政赔偿责任，行政机关的行政行为必须是违法的，否则将缺乏责任构成要件，而不承担行政赔偿责任。

2. 单独行政赔偿诉讼不具有确认行为违法的构造

行政赔偿诉讼的构造是在行政行为违法的基础上审查行政相对人是否应该获得赔偿，其具体围绕着是否应该赔、怎么赔、赔多少的问题，其判决结果要么是驳回诉讼请求，要么是判决某一机关承担赔偿责任。人民法院无权在单独行政赔偿诉讼中直接确认一个行政行为违法并作出赔偿判决，其审理必须依据一个有权机关确认违法的法律结果为前提，即行政赔偿诉讼是在坚持违法归责原则的基础上围绕着行政相对人是否应当获得赔偿而展开。《最高人民法院关于审理行政赔偿案件若干问题的规定》第二十八条规定，当事人在提起行政诉讼的同时一并提出行政赔偿请求，或者因具体行政行为和与行使行政职权有关的其他行为侵权造成损害一并提出行政赔偿请求的，人民法院应当分别立案，根据具体情况可以合并审理，也可以单独审理。

3. 单独行政赔偿诉讼不具有确认行为违法的功能

具体行政行为具有公定力、确定力、拘束力和执行力，其一经作出即被视为合法有效，在未经有权机关撤销或者改变之前，任何机关和个人都必须服从。

根据现行的法律规定，有权认定具体行政行为违法的机关为行政机关和司法机关。具体行政行为的作出机关、上级机关和复议机关均可以认定行政行为违法，通过行政复议程序及行政申诉程序予以体现。行政机关确认行为违法是基于行政权的特性，而司法机关认定行政行为违法只能依据行政诉讼的监督功能，而非行政赔偿诉讼。单独行政赔偿诉讼不具有确认具体行政行为违法的功能，司法权在行政赔偿诉讼中也不具有确认具体行政行为违法的权能，这是基于司法权具有消极的特性以及司法权要尊重行政权的考虑。

综上，腾龙运输有限责任公司不服被告A市交通执法总队作出的《不予赔偿决定书》单独提起行政赔偿诉讼，在车辆扣押行为未被有权机关确认违法前，其提起的诉讼不符合起诉条件，应予驳回起诉。

（二）如何理解和适用《最高人民法院关于审理行政赔偿案件若干问题的规定》第二十一条第四项和第三十四条规定的冲突

1. 首先看下天津市高级人民法院给最高人民法院的一个请示

《天津市高级人民法院关于如何理解和适用最高人民法院〈关于审理行政赔偿案件若干问题的规定〉第二十一条第（四）项和第三十四条规定的请示》（津高法〔2001〕107号），内容如下：

我院在审理中，因适用《最高人民法院关于审理行政赔偿案件若干问题的规定》（以下简称《规定》）第二十一条第四项和第三十四条规定的问题上，合议庭产生了两种意见：

一种意见认为，根据《规定》第二十一条第四项“加害行为为具体行政行为的，该行为已被确认为违法”的规定，即凡是单独提起行政赔偿诉讼的，其前提必须是具体行政行为已被确定为违法，这种确认可以是经司法确认，也可以是行政确认。如具体行政行为没有被确认为违法，即使符合《规定》第二十一条规定中的其他条件，法院也不应受理……

另一种意见认为，《规定》第三十四条“人民法院对赔偿请求人未经确认程序而直接提起行政赔偿诉讼的案件，在判决时应当对赔偿义务机关致害行为是否违法予以确认”根据该条的规定，具体行政行为是否被确认为违法不是单独提起行政赔偿诉讼的必要条件，而赔偿义务机关先行处理则是必要条件，这符合《国家赔偿法》“赔偿请求人要求赔偿应当先向赔偿义务机关提出”的立法本意。此外，如果以具体行政行为已被确认为违法为单独提起行政赔偿诉讼的前提，那么，未经确认的违法行政行为则永远得不到纠正，如错过行政诉讼，相对人则永远得不到司法救济，这无疑违背赔偿法的精神，不利于保护相对人的合法权益。因此应进入实体审理，先对相关行为是否违法进行确认，然后决定是否赔偿，而不应在程序上予以驳回起诉。

天津市高级人民法院审判委员会2001年8月8日第27次会议讨论认为，《规定》第二十一条第四项的内容与第三十四条规定的内容确有一定矛盾之处，这对受理和审理行政赔偿案件造成一定的困难。为了正确适用《规定》，处理好本案有利于今后同类案件的受理和审理，特报请最高人民法院对《规定》第二十一条第四项和第三十四条如何适用作具体解释。

2. 最高人民法院的答复

《最高人民法院行政审判庭关于如何适用最高人民法院〈关于审理行政赔偿案件若干问题的规定〉第二十一条第（四）项和第三十四条规定的答复》（2001年12月24日〔2001〕行他字第10号）

根据《最高人民法院关于审理行政赔偿案件若干问题的规定》第二十一条第四项和第三十四条的规定，因行政机关的具体行政行为引起的行政赔偿，赔偿请求人单独提起行政赔偿诉讼的，应当符合第二十一条第四项规定的起诉条件；因行政机关的事实行为引起的行政赔偿，赔偿请求人单独提起行政赔偿的，应当适用第三十四条的规定。

知识拓展

（一）国家赔偿的概念

《国家赔偿法》第二条第一款规定：“国家机关和国家机关工作人员行

使职权，有本法规定的侵犯公民、法人和其他组织合法权益的情形，造成损害的，受害人有依照本法取得国家赔偿的权利。”根据该条可知，国家赔偿是指国家机关及其工作人员在行使职权的过程中，违法侵犯公民、法人或者其他组织的合法权益并造成损害，由国家承担赔偿责任的法律制度。其中国家机关是指国家行政机关、审判机关、检察机关、监狱管理机关。

1. 行政赔偿定义

根据《国家赔偿法》的规定，国家赔偿分为行政赔偿和司法赔偿。行政赔偿是指行政机关及其工作人员在行使行政权力的过程中，因其行为违法而侵犯公民、法人或者其他组织的合法权益并造成损害，由国家承担赔偿责任的法律制度。

2. 司法赔偿定义

司法赔偿是指司法机关及其工作人员在行使司法权的过程中，因其行为违法侵犯公民、法人或者其他组织的合法权益并造成损害，由国家承担赔偿责任的法律制度。司法赔偿又分为刑事司法赔偿与民事司法赔偿、行政司法赔偿。刑事司法赔偿是指行使侦查权、检察权、刑事审判权、监狱管理权的国家司法机关及其工作人员执行职务时，违法实施侵犯公民、法人或者其他组织的合法权益并造成损害，由国家承担赔偿责任的法律制度。民事、行政司法赔偿则是人民法院在审理民事、行政案件的过程中违法采取强制措施、保全措施或者对判决、裁定及其他生效法律文书执行错误、造成损害由国家承担的赔偿责任。

（二）国家赔偿的范围

如前所述，国家赔偿一般分为行政赔偿和司法赔偿，而司法赔偿又分为刑事司法赔偿与民事司法赔偿、行政司法赔偿。在司法实践中，比较常见的是行政赔偿和刑事司法赔偿。关于这两类国家赔偿，我们下面分别重点讨论。

1. 行政赔偿的范围

《国家赔偿法》第三条、第四条规定了行政赔偿的范围：

（1）违法拘留或者违法采取限制公民人身自由的行政强制措施的；

（2）非法拘禁或者以其他方法非法剥夺公民人身自由的；

（3）以殴打、虐待等行为或者唆使、放纵他人以殴打、虐待等行为造成公民身体伤害或者死亡的；

（4）违法使用武器、警械造成公民身体伤害或者死亡的；

（5）造成公民身体伤害或者死亡的其他违法行为；

（6）违法实施罚款、吊销许可证和执照、责令停产停业，没收财物等行政处罚的；

（7）违法对财产采取查封、扣押、冻结等行政强制措施的；

（8）违法征收、征用财产的；

（9）造成财产损害的其他违法行为。

《国家赔偿法》第五条同时规定了国家不承担行政赔偿责任的几种情形：

（1）行政机关工作人员与行使职权无关的个人行为；

（2）因公民、法人和其他组织自己的行为致使损害发生的；

（3）法律规定的其他情形。

2. 刑事司法赔偿的范围

《国家赔偿法》第十七条、第十八条规定了刑事司法赔偿的范围：

行使侦查、检察、审判职权的机关以及看守所、监狱管理机关及其工作人员在行使职权时有下列侵犯人身权情形之一的，受害人有取得赔偿的权利：

（1）违反刑事诉讼法的规定对公民采取拘留措施的，或者依照刑事诉讼法规定的条件和程序对公民采取拘留措施，但是拘留时间超过刑事诉讼法规定的时限，其后决定撤销案件、不起诉或者判决宣告无罪终止追究刑事责任的；

（2）对公民采取逮捕措施后，决定撤销案件、不起诉或者判决宣告无罪终止追究刑事责任的；

（3）依照审判监督程序再审改判无罪，原判刑罚已经执行的；

（4）刑讯逼供或者以殴打、虐待等行为或者唆使、放纵他人以殴打、虐待等行为造成公民身体伤害或者死亡的；

（5）违法使用武器、警械造成公民身体伤害或者死亡的。

行使侦查、检察、审判职权的机关以及看守所、监狱管理机关及其工作人员在行使职权时有下列侵犯财产权情形之一的，受害人有取得赔偿的权利：

（1）违法对财产采取查封、扣押、冻结、追缴等措施的；

（2）依照审判监督程序再审改判无罪，原判罚金、没收财产已经执行的。

《国家赔偿法》第十九条同时规定了国家不承担刑事司法赔偿责任的几种情形：

（1）因公民自己故意作虚伪供述，或者伪造其他有罪证据被羁押或者被判处刑罚的；

（2）依照《刑法》第十七条、第十八条规定不负刑事责任的人被羁押的；

（3）依照《刑事诉讼法》第十五条、第一百七十三条第二款、第二百七十三条第二款、第二百七十九条规定不追究刑事责任的人被羁押的；

（4）行使侦查、检察、审判职权的机关以及看守所、监狱管理机关的工作人员与行使职权无关的个人行为；

（5）因公民自伤、自残等故意行为致使损害发生的；

（6）法律规定的其他情形。

（三）赔偿方式和计算标准

我国《国家赔偿法》第三十二条规定，国家赔偿以支付赔偿金为主要方式。能够返还财产或恢复原状，予以返还财产或者恢复原状。第三十三条规定，侵犯公民人身自由的，每日的赔偿金按照国家上年度职工日平均工资计算。第三十四条、第三十六条分别对侵犯公民生命健康权、财产权的赔偿金作了明确规定。

对于受害人人身权受到的损害，国家不可能用类似恢复原状的方式承担责任。相比之下，金钱赔偿是最切实可行的。然而，由于受害人获取金钱的能力不同，而人身权益损害与金钱之间不存在可靠的比例关系，我们很难在法律上恰如其分地确定人身权益和金钱之间的换算关系。正因如此，国家赔偿法在规定侵害人身权的赔偿金计算标准时没有考虑受害人因侵权行为遭受的实际损失，而是规定了统一的赔偿金计算标准。这里的赔偿标准不包括对受害人因侵权而受到的精神损害的赔偿，更不包括惩罚性赔偿。不得不承认这是立法不足。应当规定精神损害赔偿和惩罚性赔偿金，以唤起政府对公民基本人权的尊重。

（四）国家赔偿的申请程序

2012年的《国家赔偿法》已经分别针对行政赔偿、刑事司法赔偿作了明确的规定，行政、民事司法赔偿参照执行。

《国家赔偿法》第九条第二款规定，赔偿请求人要求赔偿，应当先向赔偿义务机关提出，也可以在申请行政复议或者提起行政诉讼时一并提出。第十三条规定，赔偿义务机关应当自收到申请之日起2个月内，作出是否赔偿的决定。赔偿义务机关决定赔偿的，应当制作赔偿决定书，并自作出决定之日起10日内送达赔偿请求人。赔偿义务机关决定不予赔偿的，应当自作出决定之日起10日内书面通知赔偿请求人，并说明不予赔偿的理由。第十四条规定，赔偿义务机关在规定期限内未作出是否赔偿的决定，赔偿请求人可以自期限届满之日起3个月内，向人民法院提起诉讼。

按照《最高人民法院关于审理行政赔偿案件若干问题的规定》第四条

规定，公民、法人或者其他组织在提起行政诉讼的同时一并提出行政赔偿请求的，人民法院应一并受理。

赔偿请求人单独提起行政赔偿诉讼，须以赔偿义务机关先行处理为前提。第二十二条规定赔偿请求人单独提起行政赔偿诉讼，可以在向赔偿义务机关递交赔偿申请后的2个月届满之日起3个月内提出。

这些都是行政赔偿的申请程序要求，其他类型国家赔偿基本与之类似。其中比较重要的一点就是，赔偿请求人如果单独提起行政赔偿诉讼，须以赔偿义务机关先行处理为前提。而且如果单独提起行政赔偿诉讼需以具体行政行为被确认违法为前提。

普法提示

国家补偿是国家机关工作人员在行使职权过程中，因其合法行为给公民、法人或者其他组织造成的损失，国家对其给予弥补的制度。国家补偿责任在国家赔偿责任之前就已经存在。其与国家赔偿的区别为：

1. 两者发生的基础不同

国家赔偿由国家机关及其工作人员的违法行为引起，以违法为前提；国家补偿由国家的合法行为引起，不以违法为前提。

2. 两者性质不同

国家补偿的根本属性在于国家对特定受害的公民、法人或者其他组织损失的填补，旨在对因公共利益而遭受特别损失的公民、法人或者其他组织提供补救，以体现其与普通公众间的利益平衡，但并不意味着任何对国家的非难。而国家赔偿则不同，这可以说是两者最主要的区别。

3. 时间要求不同

国家赔偿责任的前提条件是损害的实际发生，即先有损害，后有赔偿；

而国家补偿即可以在损害发生之前进行，也可以在损害发生之后进行。

4. 两者承担责任的方式不同

国家赔偿责任以金钱赔偿为原则，以恢复原状、返还财产等方式为辅；国家补偿责任多为支付一定数额的金钱。

5. 工作人员的责任不同

国家赔偿制度中有追偿制度。在国家赔偿了受害人的损失以后，要向有故意或重大过失的作出违法行为的国家机关工作人员追偿，但是国家补偿制度中没有追偿制度的设计。

案例五

国家监察

——监察行为的可诉性问题

刘学伟[①]

这一讲和大家探讨一下国家监察。国家监察是指在国家机关中设置的专司监察职能的机关对所有行使公权力的公职人员（以下称公职人员）进行监察，调查职务违法和职务犯罪，开展廉政建设和反腐败工作，维护宪法和法律的尊严的活动。

案情回顾

先来看一个案例：张某诉称，其为某市琉璃井地区居民，该市地铁14号线09标段施工对周边居民造成影响，地区街道办事处违反了《施工影响房屋周转协议》，未向张某支付周转安置费，故于2015年9月以邮寄方式向该市监察局提交《对该市某区政府、某区区长张某行政不作为查处申请书》，要求对相关工作人员进行违纪处理。该市监察局未履行法定职责。2016年9月9日，张某向原监察部申请行政复议，2016年9月22日收到原监察部作出的《驳回行政复议申请决定书》。张某认为该决定书适用法律错误、违反法定程序，侵犯了其合法权益，是行政不作为，故向人民法院提起行政诉讼，

---

① 北京市西城区人民法院行政庭法官。

请求确认《驳回行政复议申请决定书》违法；责令原监察部对其复议申请作出行政行为。

人民法院经审查认为，认为张某行政复议内容针对的是行政机关的内部监察行为，驳回关于监察行为的复议申请对起诉人的权益不产生直接影响，不属于人民法院行政诉讼的受案范围。故依照《行政诉讼法》第四十九条第四项、第八十五条，裁定对张某的起诉不予立案。

张某不服一审裁定，向高级人民法院提起上诉，其主要理由包括：一是一审法院立案裁定书程序违法；二是该裁定书认定事实严重错误；三是该裁定书中适用法律错误。故请求撤销一审裁定，由高级人民法院或一审法院立案审理。

高级人民法院认为，公民、法人或者其他组织向人民法院提起行政诉讼，应当符合法律规定的起诉条件。国家监察是指在国家机关中设置的专司监察职能的机关对所有行使公权力的公职人员进行监察，调查职务违法和职务犯罪，开展廉政建设和反腐败工作，维护宪法和法律的尊严的活动。监察机关是否启动监察程序、开展调查工作、作出监察结论等，均系获得国家监察法授权的内部行政行为，对控告人、举报人的权利义务不产生实际影响，不属于人民法院行政诉讼的受案范围。本案中，原监察部作出《驳回行政复议申请决定书》，以不属于原监察部行政复议范围为由，驳回张某行政复议申请，属于处理国家监察事项的行为，对张某权利义务不产生实际影响，不属于人民法院行政诉讼的受案范围，故张某起诉不符合法律规定的起诉条件，其上诉理由不成立，人民法院不予支持。依照《行政诉讼法》第四十九条第四项、第八十九条第一款第一项，裁定驳回上诉，维持一审裁定。

这里也给大家介绍一下《行政诉讼法》的相关规定。《行政诉讼法》第四十九条规定了公民、法人或者其他组织提起行政诉讼应当符合的条件，应当同时符合：（1）原告是符合本法第二十五条规定的公民、法人或者其他组织；（2）有明确的被告；（3）有具体的诉讼请求和事实根据；（4）属于人民法院受案范围和受诉人民法院管辖。第二十五条规定了可以提起行政诉讼的原告的资格，主要是行政行为的相对人以及其他与行政行为有利害关系的公民、法人或者其他组织，有权提起诉讼。

法理分析

（一）设立意义

设立国家监察制度，主要是通过监察机关依法履行职责，在监察活动中，向所有行使公权力的公职人员提出改进工作的建议，堵塞行政管理中的漏洞，避免和减少工作失误；对违反纪律的有关单位和个人进行查处，依法进行纪律制裁；依照法律支持和鼓励公职人员忠于职守，清正廉洁，保障他们的合法权益，为他们创造一个良好的行政环境，进而提高其依法行政的水平，廉洁高效地工作，达到改善行政管理，提高行政效能的目的。

为适应加快改革开放和现代化建设的新形势，提高党政监督的整体效能，1993 年 1 月，中央和地方各级党的纪律检查机关与原监察机关实行合署办公。2018 年 3 月，第十三届全国人民代表大会第一次会议通过中华人民共和国国家监察委员会是最高监察机关，将监察部、国家预防腐败局并入国家监察委员会，不再保留监察部、国家预防腐败局。中央和地方各级党的纪律检查机关与国家监察委实行合署办公。

（二）性质和地位

宪法规定，中华人民共和国各级监察委员会是国家的监察机关。由此确立了国家监察在我国政治体制中的地位。各级监察委员会是行使国家监察职能的专责机关，依照宪法对所有行使公权力的公职人员进行监察，调查职务违法和职务犯罪，开展廉政建设和反腐败工作，维护宪法和法律的尊严。《监察法》规定了监察机关及其职责、监察范围和管辖、监察权限、监察程序、反腐败国际合作、对监察机关和监察人员的监督等，明确了监察机关的法律地位。中华人民共和国国家监察委员会是最高监察机关。国家监察委员会领导地方各级监察委员会的工作，上级监察委员会领导下级监察委员会的工作。国家监察委员会由全国人民代表大会产生，负责全国监察工作。地方各级监察委员会对本级人民代表大会及其常务委员会和上一级监察委员会负责，并接受其监督。这种双重领导体制是宪法规定“国家机构实行民主集中制的原则”在监察机关领导关系上的具体体现，保证了监察机关应有的法律地位和权威性。

（三）管辖范围和职责

国家监察委员会的监察对象是所有行使公权力的公职人员和有关人员，具体包括：（1）中国共产党机关、人民代表大会及其常务委员会机关、人民政府、监察委员会、人民法院、人民检察院、中国人民政治协商会议各级委员会机关、民主党派机关和工商业联合会机关的公务员，以及参照《公务员法》管理的人员；（2）法律、法规授权或者受国家机关依法委托管理公共事务的组织中从事公务的人员；（3）国有企业管理人员；（4）公办的教育、科研、文化、医疗卫生、体育等单位中从事管理的人员；（5）基层群众性自治组织中从事管理的人员；（6）其他依法履行公职的人员。上级监察机关可以办理下一级监察机关管辖范围内的监察事项，必要时也可以办理所辖各级监察机关管辖范围内的监察事项。

监察机关的主要职责是：（1）对公职人员开展廉政教育，对其依法履职、秉公用权、廉洁从政从业以及道德操守情况进行监督检查；（2）对涉嫌贪污贿赂、滥用职权、玩忽职守、权力寻租、利益输送、徇私舞弊以及浪费国家资财等职务违法和职务犯罪进行调查；（3）对违法的公职人员依法作出政务处分决定；对履行职责不力、失职失责的领导人员进行问责；对涉嫌职务犯罪的，将调查结果移送人民检察院依法审查、提起公诉；向监察对象所在单位提出监察建议。

知识拓展

就在我们编写这一章节的时候，十三届全国人大一次会议审议全国人大常委会关于提请审议《中华人民共和国监察法（草案）》的议案。自国家监察体制改革启动以来，监察法制定工作一直备受关注。

根据立法的相关规定，全国人民代表大会负责审议通过基本法律。监察法将对国家机构作出重要调整和完善，即在原来人大下的“一府两院”（人民政府、人民法院、人民检察院），增加“一委”（监察委员会），同时对监察委员会的组织、职责、权限、程序以及对监察委员会的监督等作出规定。

按照党中央部署要求，中纪委发挥牵头抓总作用，在最初研究深化国家监察体制改革方案的同时，就已经着手考虑到将行政监察法修改为国家监察法的问题了。从 2016 年 10 月，党的十八届六中全会闭幕以后，中央纪委机关会同全国人大常委会法制工作委员会组成了国家监察立法的工作组，共同开展相关工作，一同进行起草研究，到试点地区进行调研，在这个基础上形成了监察法草案。

在监察法制定过程中，社会各方面都非常关注，全国人大常委会坚持科学立法、民主立法、依法立法，一审后，征求了中央有关国家机关和地方的意见，听取了有关专家的意见，并通过中国人大网公开征求社会公众意见。二审稿主要针对常委会委员提出的审议意见和社会各个方面的意见进行了修改，重点对监察程序和监察机关的监督进行修改完善。一是针对监察机关在行使调查权的过程中，如何保障被调查人权利的问题，二审稿增加了不少规定。二是针对如何做好对监察委员会自身监督的问题，二审稿也有加强、有完善。

普法提示

按照监察法规定，监察委员会不再是行政机关，也不是司法机关，而是行使国家监察职能的专责机关，依照法律规定，独立行使监察权。在具体调查办案期间，监察机关、检察机关和公安机关的职责各有分工，但总的原则是相互配合、相互制约。

在具体规定上，一是监察机关调查职务违法和职务犯罪，对监察对象涉及职务犯罪的，经调查认为犯罪事实清楚，证据确实充分，移送检察机关依法审查、提起公诉。二是检察机关对监察机关移送的案件，认为犯罪事实已经查清，证据确实、充分，依法应当追究刑事责任的，依法应当作出起诉决定。经审查认为需要补充核实的，应当退回监察机关补充调查，必要时可以自行补充侦察。三是人民检察院对有刑事诉讼规定的不予起诉情形的，经上一级人民检察院批准，依法作出不起诉的决定，监察机关认为不起诉的决定有错误的，可以向上一级的人民检察院提请复议。这是监察机关和检察机关之间的关系。

对于涉及反腐败问题，主要由监察机关调查，调查过程中有一些措施需要公安机关配合的，如通缉、限制出境、技术调查措施等，由监察机关作出决定，公安机关负责执行。

第四章

刑事责任

案例一

贪污罪

——贪污罪的定罪与量刑问题

张传荣①

本节我们要介绍的是《刑法》第三百八十二条规定的贪污罪，并将通过一个案例介绍贪污罪的定罪与量刑问题。

案情回顾

赵阳，26 岁，某机关单位的财务部门出纳。工作中，一个偶然的机会，赵阳发现单位会计系统存在漏洞，作为一名财务人员，他本应及时将此情况向领导汇报并进行修复，但在外界灯红酒绿的生活的诱惑下，也为了在新交的女朋友面前摆摆阔气，他竟将赚钱的脑筋动在了这个漏洞上。第一次，他尝试以修改记账凭证的方式将 1000 元公款私吞，侥幸没有被发现，第二次，如法炮制竟然也没有出事。钱来得如此容易，他已经完全迷失了自己，胆子也越来越大，之后在不到一年的时间里，赵阳通过修改记账凭证或者直接提现的方式多次侵吞公款共计 49 万余元，其中一笔 11 万元直接从单位工会账户中转出给女朋友购买轿车。

来的容易的钱，花的似乎也痛快，赵阳将 49 万余元全部挥霍，有的

① 北京市西城区人民法院刑二庭法官。

是给女朋友购买项链、戒指，还有的是和朋友逛酒吧消费，据赵阳当庭供述，几千块钱一瓶的酒一晚上开好几瓶……

伸手必被抓。在单位财务部门对账时，最终发现了银行对账单和单位账目对不上的情况，此后，赵阳被抓获到案。经法院审理查明，赵阳身为国家工作人员，利用职务上的便利，侵吞公款的行为，已构成贪污罪。鉴于赵阳到案后能如实供述自己贪污的罪行，可依法从轻处罚。案发后，赵阳的家属代为退缴10万元，可酌情从轻处罚。据此，法院根据赵阳犯罪的事实和情节，对其判处有期徒刑3年6个月，并处罚金人民币20万元。

法理分析

案例中赵阳所触犯的罪名是贪污罪。贪污罪，简单来说就是化公为私。根据《刑法》第三百八十二条的规定，贪污罪是指国家工作人员利用职务上的便利，侵吞、窃取、骗取或者以其他手段非法占有公共财物的行为。本案中的赵阳属于国家机关工作人员，他利用自己作为出纳的职务便利，采取窃取的方式，将单位的公款据为己有，用于个人挥霍，属于本条规定的贪污罪。

（一）贪污罪的认定

1. 贪污罪的主体应是国家工作人员。根据《刑法》第九十三条规定，国家工作人员是指在国家机关中从事公务的人员。国有公司、企业、事业单位、人民团体中从事公务的人员和国家机关、国有公司、企业、事业单位委派到非国有公司、企业、事业单位、社会团体从事公务的人员，以及其他依照法律从事公务的人员，以国家工作人员论。这里的委派，即委任、派遣，如任命、指派、提名、批准等，不论被委派的人身份如何，只要是接受国家机关、国有公司、企业、事业单位委派，代表国家机关、国有公司、企业、事业单位在非国有公司、企业、事业单位、社会团体中从事组织、领导、监督、管理等工作的人员，都以国家工作人员论。

关于从事公务，是指代表国家机关、国有公司、企业、事业单位等履行组织、领导、监督、管理等职责。公务主要表现为与职权相联系的公共事务以及监督、管理国有财产的职务活动。例如，国家机关工作人员依法履行职责，国有公司的董事、经理、监事、会计、出纳人员等管理、监督国有财产等活动，属于从事公务。那些不具备职权内容的劳务活动、技术服务活动，如售货员、售票员等所从事的工作，以及国家机关中的工勤人员、司机等一般不认为是公务活动。

法律还规定，“其他依照法律从事公务的人员”，也以国家工作人员论。“其他依照法律从事公务的人员”，应当具有两个特征：一是在特定条件下行使国家管理职能；二是依照法律规定从事公务。具体包括：（1）依法履行职责的各级人民代表大会代表；（2）依法履行审判职责的人民陪审员；（3）协助乡镇人民政府、街道办事处从事行政管理工作的村民委员会、居民委员会等农村和城市基层组织人员；（4）其他由法律授权从事公务的人员。根据《全国人民代表大会常务委员会关于〈中华人民共和国刑法〉第九十三条第二款的解释》，村民委员会等村基层组织人员协助人民政府从事社会捐助公益事业款物的管理；救灾、抢险、防汛、优抚、扶贫、移民、救济款物的管理；国有土地的经营和管理；土地征收、征用补偿费用的管理；代征、代缴税款；有关计划生育、户籍、征兵工作等行政管理工作时，属于“其他依照法律从事公务的人员”。

另外，根据《刑法》第三百八十二条第二款规定，受国家机关、国有公司、企业、事业单位、人民团体委托管理、经营国有财产的人员，也可以成为贪污罪主体。此款包含四个方面的内容：首先，委托单位必须是国家机关、国有公司、企业、事业单位、人民团体；其次，被委托人不是管理、经营国有财产的人员；再次，委托的内容是承包、租赁、临时聘用等管理、经营国有财产；最后，委托具有合法性。[①]虽然贪污罪的主体是特殊主体，但不具有特殊主体身份的一般公民与具有特殊主体身份的人员勾结，伙同贪污的，也以贪污罪的共犯论处。

2. 贪污罪的主观方面是故意，即具有非法占有公共财物的目的。故意的内容是明知自己利用职务之便所实施的行为会发生侵害公共财产的结果，仍然希望这种结果的发生。

3. 贪污罪的客观行为与结果，是利用职务上的便利，侵吞、窃取或者以其他手段非法占有公共财物。

首先，必须利用职务便利。意即利用职责范围内主管、经手、管理公共财产的职权所形成的便利条件。其中主管是指具有调拨、处置及其他支配公共财产的职权。经手是指领取、支出等经办公共财物的职权。管理是指具有坚守和保管公共财物的职权。

其次，必须侵吞、窃取、骗取或者以其他手段非法占有公共财物。侵吞是指将自己因职务而管理或经手的公共财物据为己有或使他人所有的行为。窃取，也就是通常所说的监守自盗，是指利用职务之便，采取秘密的方式，将自己管理的公共财物非法占为己有。骗取，是指假借职务的合法形式，采取虚构事实或者隐瞒真相的欺骗手段非法占有公共财物。其他手段，是指上述方法之外的方法，但本质仍是将公共财物转移至自己或者第三者占有。[②]

最后，必须非法占有公共财物，包括国有财产、劳动群众集体所有的

① 参见张明楷:《刑法学》(第五版)，法律出版社 2016 年版，第 1183 页。

② 参见张军主编:《刑法［分则］及配套规定新释新解》(第 9 版)，人民法院出版社 2016 年版，第 1957~1958 页。

财产，用于扶贫和其他公益事业的社会捐助或者专项基金的财产，以及在国家机关、国有公司、企业、集体企业和人民团体管理、使用或者运输中的私人财产，以公共财产论。国家工作人员出于贪污的故意，非法占有公共财物之后，将赃款、赃物用于单位公务支出或者社会捐赠的，不影响贪污罪的认定，仅在量刑时可以酌情考虑。

（二）贪污罪与他罪的区别

1. 贪污罪与职务侵占罪的区别。这两个罪名都表现为利用职务便利，以侵吞、窃取、骗取或者其他手段非法占有财物，主要区别在于主体以及犯罪客体和犯罪对象不同。贪污罪的主体是国家工作人员等特殊主体，侵犯的是公务行为的廉洁性和公共财产所有权。职务侵占罪的主体是公司、企业或者其他单位中除国家工作人员外的其他工作人员，侵犯的是公司、企业或其他单位的财产所有权。

2. 贪污罪与挪用公款罪的区别。挪用公款罪是指国家工作人员利用职务上的便利，挪用公款归个人使用，进行非法活动的，或者挪用公款数额较大、进行营利活动的，或者挪用公款数额较大、超过3个月未还的行为。贪污罪和挪用公款罪的主要区别在于，是否具有非法占有公款的目的。司法实践中，一般按照主客观相一致的原则，具体判断和认定行为人主观上是否具有非法占有公款的目的，具有下列情形之一的，可以认定为具有非法占有公款的目的，并以贪污罪定罪处罚：携带挪用的公款潜逃的，对其携带挪用的公款部分；行为人挪用公款后采取虚假发票平账、销毁有关账目等手段，使所挪用的公款已难以在单位财务账目上反映出来，且没有归还行为的；行为人截取单位收入不入账，非法占有，使所占有的公款难以在单位财务账目上反映出来，且没有归还行为的；有证据证明行为人有能力归还所挪用的公款而拒不归还，并隐瞒挪用的公款去向的。

知识拓展

1997年的《刑法》规定，对犯贪污罪的，根据情节轻重，分别依照下列规定处罚：（1）个人贪污数额在10万元以上的，处10年以上有期徒刑或者无期徒刑，可以并处没收财产；情节特别严重的，处死刑，并处没收财产。（2）个人贪污数额在5万元以上不满10万元的，处5年以上有期徒刑，可以并处没收财产；情节特别严重的，处无期徒刑，并处没收财产。（3）个人贪污数额在5000元以上不满5万元的，处1年以上7年以下有期徒刑；情节严重的，处7年以上10年以下有期徒刑。个人贪污数额在5000元以上不满1万元，犯罪后有悔改表现、积极退赃的，可以减轻处罚或者免予刑事处罚，由其所在单位或者上级主管机关给予行政处分。（4）个人贪污数额不满5000元，情节较重的，处2年以下有期徒刑或者拘役；情节较轻的，由其所在单位或者上级主管机关酌情给予行政处分。

这种以具体数额确定量刑的标准虽然明确，便于执行，但在司法实践中也暴露出了一些问题，因为单纯考虑数额并不能准确反映具体个罪的社会危害性，有些案件犯罪数额并不大，但可能给国家利益造成重大损失。同时，随着经济发展，贪污犯罪的法定刑设置也应当有所调整。2015年11月1日正式施行的《刑法修正案（九）》，就对贪污罪进行了修改，取消了1997年《刑法》对贪污罪定罪量刑的具体数额标准，采用数额加情节的标准，同时增加了罚金刑。进一步明确了对贪污犯罪从轻、减轻、免除处罚的条件。根据修正后的法律，对犯贪污罪的，根据情节轻重，分别依照下列规定处罚：

1. 贪污数额较大或者有其他较重情节的，处3年以下有期徒刑或者拘役，并处罚金。根据《最高人民法院、最高人民检察院关于办理贪污贿赂刑事案件适用法律若干问题的解释》，贪污数额较大是指贪污数额在3万元以上不满20万元的。贪污数额在1万元以上不满3万元，具有下列情形之一的，应当认定为《刑法》第三百八十三条第一款规定的“其他较重情节”：贪污救灾、抢险、防汛、优抚、扶贫、移民、救济、防疫、社会捐助等特定款物的；曾因贪污、受贿、挪用公款受过党纪、行政处分的；曾因故意犯罪受过刑事追究的；赃款赃物用于非法活动的；拒不交代赃款赃物去向或者拒不配合追缴工作，致使无法追缴的；造成恶劣影响或者其他严重后果的。

2. 贪污数额巨大或者有其他严重情节的，处3年以上10年以下有期徒刑，并处罚金或者没收财产。根据《最高人民法院、最高人民检察院关于办理贪污贿赂刑事案件适用法律若干问题的解释》的规定，贪污数额巨大是指贪污数额在20万元以上不满300万元的。贪污数额在10万元以上不满20万元，具有以下情形之一的，应当认定为“其他严重情节”：贪污救灾、抢险、防汛、优抚、扶贫、移民、救济、防疫、社会捐助等特定款物的；曾因贪污、受贿、挪用公款受过党纪、行政处分的；曾因故意犯罪受过刑事追究的；赃款赃物用于非法活动的；拒不交代赃款赃物去向或者拒不配合追缴工作，致使无法追缴的；造成恶劣影响或者其他严重后果的。

3. 贪污数额特别巨大或者有其他特别严重情节的，处10年以上有期徒刑或者无期徒刑，并处罚金或者没收财产。根据《最高人民法院、最高人民检察院关于办理贪污贿赂刑事案件适用法律若干问题的解释》的规定，贪污数额特别巨大是指贪污数额在300万元以上的。贪污数额在150万元以上不满300万元，具有以下情形之一的，应当认定为“其他特别严重情节”：贪污救灾、抢险、防汛、优抚、扶贫、移民、救济、防疫、社会捐助等特定款物的；曾因贪污、受贿、挪用公款受过党纪、行政处分的；曾因故意犯罪受过刑事追究的；赃款赃物用于非法活动的；拒不交代赃款赃物去向或者拒不配合追缴工作，致使无法追缴的；造成恶劣影响或者其他严重后果的。

4. 贪污数额特别巨大，并使国家和人民利益遭受特别重大损失的，处无期徒刑或者死刑，并处没收财产。根据《最高人民法院、最高人民检察院关于办理贪污贿赂刑事案件适用法律若干问题的解释》的规定，贪污数额特别巨大，犯罪情节特别严重、社会影响特别恶劣、给国家和人民利益造成特别重大损失的，可以判处死刑，但具有自首，立功，如实供述自己罪行、真诚悔罪、积极退赃，或者避免、减少损害结果的发生等情节，不是必须立即执行的，可以判处死刑缓期 2 年执行。贪污数额特别巨大，犯罪情节特别严重、社会影响特别恶劣、给国家和人民利益造成特别重大损失的，根据犯罪情节等情况可以判处死刑缓期 2 年执行，同时裁判决定在其死刑缓期执行 2 年期满依法减为无期徒刑后，终身监禁，不得减刑、假释。

5. 对多次贪污未经处理的，按照累计贪污数额处罚。

6. 对贪污罪判处 3 年以下有期徒刑或者拘役的，应当并处 10 万元以上 50 万元以下的罚金；判处 3 年以上 10 年以下有期徒刑的，应当并处 20 万元以上犯罪数额两倍以下的罚金或者没收财产；判处 10 年以上有期徒刑或者无期徒刑的，应当并处 50 万元以上犯罪数额两倍以下的罚金或者没收财产。

普法提示

党的十八大以来，反腐工作被提到了前所未有的高度，实际工作中也始终保持反腐败高压态势，坚持对腐败零容忍。习近平总书记要求，加强对权力运行的制约和监督，把权力关进制度的笼子里。同时要有腐必反、有贪必肃，不断铲除腐败现象滋生蔓延的土壤，坚持“老虎”“苍蝇”一起打。同时，伴随着自媒体时代的到来，公权力被赤裸裸地呈现在公众面前，接受全方位的监督。内外严查态势之下，部级高官也好，县处级官员也罢，一批违法违纪者相继落马。国家对反腐倡廉工作常抓不懈，国家工作人员也需要深刻反思，让拒腐防变的警钟长鸣。

国家对权力者行为要求的底线是法律，作为一个国家工作人员，只有守住这个底线，我们才能进退自如，退的安心，进的更加有信心。实践中，即便有各种警示教育、法律宣讲，仍然有很多人触碰贪腐这个高压线，甚至近年来，贪腐案件在一个单位集中凸显的情况时有发生，他们有的是因为看到现实中许多不合法的行为长期存在，却没有得到及时纠正或者打击，就抱着侥幸的心理盲从于社会上的不正之风，混淆了公私之间的界限，将公共财物据为己有。也有的是和他人比阔气、比排场、比生活条件，在攀比的失衡后走向犯罪，将公共权力变成个人的摇钱树。却不知，法网恢恢，疏而不漏。案例中的赵阳，本该在让人羡慕的工作岗位上达成他的“三十而立”，却因为一时侥幸走上歧途。穿着统一的看守所号衣，解下手铐站在法庭上受审的被告人不再是侥幸的，不再是盲从的，他们都十分后悔，但触犯法律者必将受到法律的严惩。我们相信，如果可以给这些判刑者一个重新选择的机会，他们一定会慎用权力，尊重权力，绝不以公权力为自己或他人谋取私利。因此在能够作出选择的时候，请慎重地选择。

国家工作人员要常怀律己之心，勿以恶小而为之。千里之堤，溃于蚁穴，一旦迷失了自我，各种诱惑就会前来更深入地腐蚀我们。大量事实表明，蜕化变质，一步步陷入违法乱纪的泥坑，往往都是从吃喝玩乐这些看似小事的地方起步的。国家工作人员时刻不能放松对自己的警惕。国家工作人员还要时刻保持平常心。生活中，我们常常去和别人进行各种比较，比对了，就是进取的动力，但如果比错了，比的是排场或者生活条件，就容易产生心理的失衡，并进而成为将自己推向犯罪的助力。面对社会中形形色色的诱惑，要时刻保持平常心，不为妖媚所惑，不为富贵所淫。

案例二

受贿罪

——受贿罪的定罪与量刑问题

张传荣[①]

本节我们要介绍的是《刑法》第三百八十五条规定的受贿罪，并将通过一个案例介绍受贿罪的定罪与量刑问题。

案情回顾

周山，某国有独资公司海南三亚分公司的经理，全面负责三亚分公司的市场经营和日常管理。三亚分公司在当地有许多地产项目，一些项目公司试图通过“拿下”周山，以承接更多工程。

2011年的一天，一项目公司的负责人李栋给了周山13000元的红包，说是领导在工地辛苦了，让买些营养品，周山觉得钱不多，而且也有其他人拿业务单位的钱，就收下了。之后的日子里，李栋总是拿来一些钱，名目不同，数额却越来越大，拿人手短，吃人嘴软，在李栋的公司竞争三亚分公司项目工程时，周山作为班子成员会表示支持和同意。为了得到周山更积极主动的帮助，李栋提出可以按照三亚分公司支付工程款的7%给周山好处费，已经被拉下水的周山默许了，并在项目中帮助李栋协调解决具

① 北京市西城区人民法院刑二庭法官。

体的困难，在施工过程中也不会刁难并及时支付工程款。在李栋的公司收到工程款后，也都会按照 7% 的比例计算出好处费拿给周山。2011 年至 2013 年，周山共收受李栋 29 万余元。

和李栋不同，分包商张明辉和周山相识已久，一直保持着类似“朋友”一样的关系，在许多项目中，周山甚至会主动联系张明辉前来参与工程报价。为了表示感谢，也为了维系关系得到更多的项目，张明辉送给周山一张 60 万元的银行卡供周山花销，又通过周山的女朋友给周山 50 万元现金。周山在项目上也对张明辉一路绿灯，许多本应采取招投标的项目就直接给了张明辉。

经过这些事情，周山充分意识到自己权力所能带来的利益。2012 年，三亚分公司未能及时结算一个公司的工程款，挂靠该公司的施工队队长罗向前负责协调，约周山到足疗店，将一个装有 10 万元现金的袋子放到周山的车上，说意思一下。周山收下了，并催促公司支付了工程款，之后还主动联系罗向前询问是否愿意做另外一个项目，答应可以帮着协调，在双方的聊天过程中又有意无意地提到了小孩上学，花销大的事情。罗向前心领神会，又准备了 20 万元现金交给周山，周山表示这 20 万元算是借款，之后会归还，但借款的事情不了了之，罗向前倒是顺利取得了三亚分公司的项目。

做贼心虚。在反贪部门查办三亚分公司其他人员涉嫌职务犯罪案件过程中，让周山前去作证，周山以为事发，主动交代了自己受贿的事实，并退缴了所有的违法所得。

后经法院审理认为，被告人周山身为国家工作人员，利用职务上的便利，非法收受他人财物，为他人谋取利益，且数额巨大，其行为已构成受贿罪。鉴于周山具有自首情节，积极退缴赃款，可依法从轻处罚。据此，法院判处周山有期徒刑 5 年 6 个月，并处罚金人民币 50 万元。

法理分析

案例中的周山，作为国有公司中代表国有公司履行领导、监督、管理职责的人员，属于国家工作人员，其利用职务上的便利，非法收受他人财物，为他人谋取利益，其行为所触犯的罪名是受贿罪。受贿罪，根据《刑法》第三百八十五条的规定，是指国家工作人员利用职务上的便利，索取他人财物的，或者非法收受他人财物，为他人谋取利益的行为。

受贿罪的认定主要包含以下几个方面：

1. 受贿罪的主体应是国家工作人员，此处的国家工作人员的范围与贪污罪的主体范围一样，是指在国家机关中从事公务的人员；国有公司、企业、事业单位、人民团体中从事公务的人员和国家机关、国有公司、企业、事业单位委派到非国有公司、企业、事业单位、社会团体从事公务的人员，以及其他依照法律从事公务的人员，以国家工作人员论。

根据《刑法》第三百八十五条第二款的规定，国家工作人员在经济往来中，违反国家规定，收受各种名义的回扣、手续费，归个人所有的，以受贿论处。

2. 受贿罪的主观方面是故意，即行为人主观上具有索取或者接受贿赂的意思，认识到自己索取、收受的是职务行为的不正当报酬。在实践中，往往有利用各种巧妙手法掩盖真实犯罪目的的行为，如有的国家工作人员利用职务上的便利，为他人谋取利益，收受财物，只象征性地支付少量现金，实际上是掩盖了受贿行为的一种手段，仍然应以受贿罪论处。

3. 受贿罪侵犯的客体是国家工作人员职务行为的廉洁性，即职务行为的不可收买性。国家工作人员应当合法、公正地实施职务行为，不能从其他公民处取得报酬，更不能以职务为筹码换取酬劳。[①]

---

① 参见张明楷：《刑法学》（第五版），法律出版社 2016 年版，第 1199~1204 页。

4. 受贿罪的客观方面，表现为行为人利用职务上的便利，向他人索取财物或者收受他人财物并为他人谋取利益。

其中，利用职务之便，包括两种情形：其一，是利用职务范围内的权力。利用职权为他人谋取利益收受他人财物，是典型的受贿，利用职务上的便利包括利用自己的职权或者利用职务上有隶属、制约关系的其他工作人员的职权。其二，是利用与职务有关的便利条件，它利用的是本人的职权或地位形成的便利条件，从中向请托人索取或者收受财物。具体来说，行为人与被其利用的国家工作人员职务上虽然没有隶属、制约关系，但是利用了本人职权或者地位产生的影响和一定工作联系，如单位内部不同部门的人员之间、上下级单位没有职务上隶属、制约关系的人员之间、有工作联系的不同单位的人员之间的联系。①

受贿罪表现为两种形式：其一，是索取贿赂，就是以公开或者暗示的方法，主动向行贿人索取贿赂，不要求为他人谋取利益。比如，具有项目审批权的人对相对方说如果不给钱，就不会批准项目。其二，是利用职务上的便利，收受他人贿赂，要求同时为他人谋取利益。收受贿赂，一般是行贿人以各种方式主动进行收买腐蚀，受贿人一般是被动接受他人财物或者接受他人允诺给予财物，为行贿人谋取利益。具有下列情形之一的，应当认定为“为他人谋取利益”：（1）实际或者承诺为他人谋取利益的；（2）明知他人有具体请托事项的；（3）履职时未被请托，但事后基于该履职事由收受他人财物的。国家工作人员索取、收受具有上下级关系的下属或者具有行政管理关系的被管理人员的财物价值 3 万元以上，可能影响职权行使的，视为承诺为他人谋取利益。② 这种许诺可以明示、可以暗示，只要行贿人提出为其谋取利

① 参见张军主编：《刑法［分则］及配套规定新释新解》（第 9 版），人民法院出版社 2016 年版，第 1988~1989 页。

② 《最高人民法院、最高人民检察院关于办理贪污贿赂刑事案件适用法律若干问题的解释》第十三条。

益的要求后，国家工作人员不予拒绝，就可以认定为暗示的许诺。许诺既可以直接对行贿人许诺，也可以通过第三者对行贿人许诺。许诺既可以真实，也可以虚假，即使并不想为他人谋取利益，但进行承诺，并收受财物，仍构成受贿罪。因为只要有这种许诺，就在客观上形成了以权换利的约定，同时使人们产生国家工作人员的职务行为可以收买，只要给予财物就可以使国家工作人员为自己谋取利益的认识。

贿赂的形式和种类有很多，有财产利益，也有非物质性的利益，但法律要将受贿的认定控制在适当的范围内，目前并未将非财产性利益纳入，刑法中贿赂的内容限定为财物，根据《最高人民法院、最高人民检察院关于办理贪污贿赂刑事案件适用法律若干问题的解释》，贿赂包括货币、物品和财产性利益。财产性利益包括可以折算为货币的物质利益如房屋装修、债务免除等，以及需要支付货币的其他利益如会员服务、旅游等。后者的犯罪数额，以实际支付或者应当支付的数额计算。国家工作人员利用职务上的便利为请托人谋取利益，收受请托人房屋、汽车等物品，未变更权属登记或者借用他人名义办理权属变更登记的，不影响受贿的认定。

知识拓展

（一）受贿罪的量刑标准

1997年的《刑法》规定，对犯受贿罪的，根据情节轻重，分别依照下列规定处罚：（1）个人受贿数额在10万元以上的，处10年以上有期徒刑或者无期徒刑，可以并处没收财产；情节特别严重的，处死刑，并处没收财产。（2）个人受贿数额在5万元以上不满10万元的，处5年以上有期徒刑，可以并处没收财产；情节特别严重的，处无期徒刑，并处没收财产。

（3）个人受贿数额在5000元以上不满5万元的，处1年以上7年以下有期徒刑；情节严重的，处7年以上10年以下有期徒刑。个人受贿数额在5000元以上不满1万元，犯罪后有悔改表现、积极退赃的，可以减轻处罚或者免予刑事处罚，由其所在单位或者上级主管机关给予行政处分。（4）个人受贿数额不满5000元，情节较重的，处2年以下有期徒刑或者拘役；情节较轻的，由其所在单位或者上级主管机关酌情给予行政处分。

2015年11月1日正式施行的《刑法修正案（九）》，对受贿罪进行了修改，采用数额加情节的标准，同时增加了罚金刑。根据修正后的法律规定，对犯受贿罪的，根据情节轻重，分别依照下列规定处罚：

1. 受贿数额较大或者有其他较重情节的，处3年以下有期徒刑或者拘役，并处罚金。根据《最高人民法院、最高人民检察院关于办理贪污贿赂刑事案件适用法律若干问题的解释》的规定，受贿数额较大是指受贿数额在3万元以上不满20万元的。受贿数额在1万元以上不满3万元，具有下列情形之一的，应当认定为《刑法》第三百八十三条第一款规定的“其他较重情节”：曾因贪污、受贿、挪用公款受过党纪、行政处分的；曾因故意犯罪受过刑事追究的；赃款赃物用于非法活动的；拒不交代赃款赃物去向或者拒不配合追缴工作，致使无法追缴的；造成恶劣影响或者其他严重后果的；多次索贿的；为他人谋取不正当利益，致使公共财产、国家和人民利益遭受损失的；为他人谋取职务提拔、调整的。

2. 受贿数额巨大或者有其他严重情节的，处3年以上10年以下有期徒刑，并处罚金或者没收财产。根据《最高人民法院、最高人民检察院关于办理贪污贿赂刑事案件适用法律若干问题的解释》的规定，受贿数额巨大是指受贿数额在20万元以上不满300万元。受贿数额在10万元以上不满20万元，具有以下情形之一的，应当认定为“其他严重情节”：曾因贪污、受贿、挪用公款受过党纪、行政处分的；曾因故意犯罪受过刑事追究的；赃款赃物用于非法活动的；拒不交代赃款赃物去向或者拒不配合追缴工作，致使无法追缴的；造成恶劣影响或者其他严重后果的；多次索贿的；为他人谋取不正当利益，致使公共财产、国家和人民利益遭受损失的；为他人谋取职务提拔、调整的。

3. 受贿数额特别巨大或者有其他特别严重情节的，处 10 年以上有期徒刑或者无期徒刑，并处罚金或者没收财产。根据《最高人民法院、最高人民检察院关于办理贪污贿赂刑事案件适用法律若干问题的解释》的规定，受贿数额特别巨大是指贪污数额在 300 万元以上。受贿数额在 150 万元以上不满 300 万元，具有以下情形之一的，应当认定为“其他特别严重情节”：曾因贪污、受贿、挪用公款受过党纪、行政处分的；曾因故意犯罪受过刑事追究的；赃款赃物用于非法活动的；拒不交代赃款赃物去向或者拒不配合追缴工作，致使无法追缴的；造成恶劣影响或者其他严重后果的；多次索贿的；为他人谋取不正当利益，致使公共财产、国家和人民利益遭受损失的；为他人谋取职务提拔、调整的。

4. 受贿数额特别巨大，并使国家和人民利益遭受特别重大损失的，处无期徒刑或者死刑，并处没收财产。根据《最高人民法院、最高人民检察院关于办理贪污贿赂刑事案件适用法律若干问题的解释》的规定，受贿数额特别巨大，犯罪情节特别严重、社会影响特别恶劣、给国家和人民利益造成特别重大损失的，可以判处死刑，但具有自首，立功，如实供述自己罪行、真诚悔罪、积极退赃，或者避免、减少损害结果的发生等情节，不是必须立即执行的，可以判处死刑缓期 2 年执行。贪污、受贿数额特别巨大，犯罪情节特别严重、社会影响特别恶劣、给国家和人民利益造成特别重大损失的，根据犯罪情节等情况可以判处死刑缓期 2 年执行，同时裁判决定在其死刑缓期执行 2 年期满依法减为无期徒刑后，终身监禁，不得减刑、假释。

5. 对多次受贿未经处理的，按照累计受贿数额处罚。

6. 根据《最高人民法院、最高人民检察院关于办理贪污贿赂刑事案件适用法律若干问题的解释》的规定，对受贿罪判处 3 年以下有期徒刑或者拘役的，应当并处 10 万元以上 50 万元以下的罚金；判处 3 年以上 10 年以下有期徒刑的，应当并处 20 万元以上犯罪数额两倍以下的罚金或者没收财产；判处 10 年以上有期徒刑或者无期徒刑的，应当并处 50 万元以上犯罪数额两倍以下的罚金或者没收财产。

7. 索贿罪的，从重处罚。

（二）几种特殊情形下的受贿罪认定问题

1. 离退休人员收受他人财物是否属于受贿

国家工作人员利用职务上的便利为请托人谋取利益，并与请托人事先约定，在其离退休后收受请托人财物，构成受贿罪。已经离退休的人员，利用本人原有职权或地位形成的便利，通过在职的国家工作人员职务上的行为，为请托人谋取利益，本人从中向请托人索取或非法收受财物的，以受贿罪论处。对于离退休人员被重新聘用，并依法从事公务中而为的受贿行为，也构成受贿罪。

2. 以借贷为名的收受财物是否属于受贿

有的国家工作人员利用职务便利，以借为名索取或收受他人财物，为他人谋取利益，如案例中的周山收受罗向前的 20 万元，就是自称借款。司法实践中，一般会从双方之间的真实关系，有无经济往来；借贷产生的时间、原因，是否有正当、合理的借款事由；款项的去向；借款后有无归还的意思或者行为等综合进行判断。在案例中，周山和罗向前属于项目的甲乙相对方，并无其他正常交往，借款金额大，借款没有凭证，事后也无归还行为，20 万元的本质属于周山职务行为的不正当报酬，故周山的行为仍应以受贿罪论处。

3. 特定关系人收受贿赂问题

国家工作人员利用职务之便为他人谋取利益时，自己不收受贿赂，但是希望家属或者放任、默许家属从中收受、索取贿赂，属于受贿。比如，行贿人送礼后，国家工作人员故意回避，让家属收受财物，或者对于行贿人的送礼不拒绝也不承诺，家属收受财物后，国家工作人员又积极主动地满足行贿人要求的，构成受贿。实践中，许多国家工作人员往往谎称不知情，将责任推到家属身上，家属也谎称没有告诉国家工作人员，并将责任担下来，司法实践中，会从国家工作人员为行贿人谋取利益的态度变化，从对待亲属收受他人贿赂的态度，从亲属收受财物后财物享用情况等多方面进行认定。根据《最高人民法院、最高人民检察院关于办理贪污贿赂刑事案件适用法律若干问题的解释》的规定，特定关系人索取、收受他人财物，国家工作人员知道后未退还或者上交的，应当认定国家工作人员具有受贿故意。

国家工作人员的近亲属，如配偶、父母、子女、兄弟姐妹等，或者其他与该国家工作人员关系密切的人，如情妇、领导秘书等，通过该国家工作人员职务上的行为，或者利用该国家工作人员职权或者地位形成的便利条件，通过其他国家工作人员职务上的行为，为请托人谋取不正当利益，索取请托人财物或者收受请托人财物，根据法律规定，构成利用影响力受贿罪。

普法提示

不受制约和监督的权力必然滋生腐败。在社会不良风气的影响下，一些国家工作人员思想腐化，将手中的权力变成谋取私利的工具。受贿犯罪的危害是其他犯罪所难以比拟的，它直接危害国家机关的正常活动，破坏党风和社会风气，它使公共权力蜕化变质，使人们丧失对公权力的信仰，因此必须严厉打击。党的十八届六中全会指出，要坚持有腐必反，有贪必肃，坚持无禁区、全覆盖、零容忍，党内决不允许有腐败分子的藏身之处。习近平总书记也强调，要加强对权力的制约与监督，形成不敢腐的惩戒机制、不能腐的防范机制和不易腐的保障机制。司法实践中也通过加大惩办行贿犯罪来遏制贿赂犯罪。

在国家严厉惩治贪腐犯罪的大环境下，作为国家工作人员，又该如何做呢？习近平总书记在庆祝中国共产党成立95周年大会上指出："各级领导干部要牢固树立正确权力观，保持高尚精神追求，敬畏人民、敬畏组织、敬畏法纪，做到公正用权、依法用权、为民用权、廉洁用权，永葆共产党人拒腐蚀、永不沾的政治本色。"这就是对国家工作人员正确对待权力提出的要求。

一个人的权力越大，想借他的权力谋取利益、蜂拥而至的人就越多，权力拥有者受到的诱惑就越大。国家工作人员需要慎重对待权力，心中有敬畏，严守为官底线，严守法纪红线，破除侥幸、贪婪的心理，正确对待行业的潜规则，坚决抵制权钱交易，算好经济、家庭和自由这笔账。国家工作人员需要谨慎交友，坚持择善而交，多同普通群众交朋友，多同基层干部交朋友，多同先进模范交朋友，多同专家学者交朋友，净化自己的社交圈和朋友圈，对那些怀着个人目的来交往的人要保持高度警觉。国家工作人员，还需要时刻检点自己生活的方方面面，做到台上和台下一个样，工作时间和业余时间一个样，有监督和没有监督一个样。只有这样，我们才能对得起国家交给我们的权力，也对得起家人对我们的期望。

案例三

挪用公款罪

——挪用公款罪的定罪与量刑问题

孙皓宇[①]

挪用公款罪是《刑法》第八章规定的贪污贿赂类犯罪的一种，是非常典型的职务犯罪。近年来，随着经济社会的快速发展，各单位管控的资金量增多，涉及挪用公款罪的案件也呈现高发态势。本讲将通过3个案例，引出对该罪名的分析，同时结合实践中的真实情形，给出相应的普法提示。

案情回顾[②]

（一）挪用公款用于赌博案

某公司系国有资本控股公司，A于2009年起担任该公司项目总部财务主管兼主办会计。

1. 2010年8月至2010年12月，A在某公司甲项目上，先后9次由本人或安排他人从资金管理中心提取现金，挪用公款共计40余万元用于赌博，事后以应付业务单位工程款名义记入该工程项目的财务账目。

---

① 北京市西城区人民法院刑二庭法官助理。

② 本讲所引的案例，均以中国裁判文书网上公开的生效裁判文书为基础。

2. 2010 年 1 月至 2010 年 12 月，A 在某公司乙项目上，先后 22 次以同样方式，挪用公款共计 230 余万元用于赌博，事后以应付业务单位工程款和材料款名义记入该工程项目的财务账目。

3. 2011 年 5 月至 2012 年 6 月，A 在某公司丙项目上，先后 11 次以同样方式，挪用公款共计 190 余万元用于赌博，事后以应付业务单位工程款和材料款名义记入该工程项目的财务账目。

4. 2010 年 11 月至 2011 年 12 月，A 在某公司丁项目上，先后 19 次以同样方式，挪用公款共计 340 余万元用于赌博，事后以应缴税款、应付业务单位工程款名义记入该工程项目的财务账目。

5. 2010 年 11 月至 2012 年 12 月，A 在某公司戊项目上，先后 36 次以同样方式，挪用公款共计 730 余万元用于赌博，事后以应缴税款、应付业务单位工程款名义记入该工程项目的财务账目。

6. 2012 年 5 月至 2012 年 8 月，A 在某公司巳项目上，先后 7 次从资金管理中心提取现金，挪用公款共计 60 余万元用于赌博，事后以应付业务单位工程款名义记入该工程项目的财务账目。

7. 2012 年 6 月至 2012 年 12 月，A 在某公司庚项目上，先后 13 次由本人或安排他人从资金管理中心及某银行账户取现或者汇款，挪用公款共计 330 余万元用于赌博，事后将其中 110 余万元以应付业务单位工程款名义记入该工程项目的财务账目，另有 220 余万元未做账。

（二）挪用公款购买理财案

B 系某镇政府某村会计（属国家工作人员）。其利用职务之便，于 2012 年，挪用其保管的某工程款 100 万元，用于购买理财产品，获利 900 余元；于 2013 年，挪用其保管的某镇村财款 30 余万元，用于购买理财产品，获利 3100 余元。

（三）挪用公款个人使用案

C系某镇某中心副主任，其在担任该职务期间，利用负责某工作的职务之便，在收取、管理某镇某资金的过程中，挪用2014年收取的2015年度某款30余万元，挪用2015年收取的2016年度某款30余万元，共计60余万元用于家庭及个人生活开支。2016年8月，C将挪用的全部款项退缴到某财政局某财政所专项资金专户。

法理分析

在以上3个案例中，共有A、B、C三个参与人，他们的行为有各自的特点，也有一些共通之处。为了更好地判断各行为人的行为性质，我们先对这3个案例中行为人的行为进行简单的分析。

案例一当中，A身为国家工作人员，利用职务便利，多次挪用公款共计人民币1920余万元进行赌博这一非法活动。案例二当中，B身为国家工作人员，利用职务便利，挪用公款人民币130余万元进行营利活动，达到数额较大标准。案例三当中，C身为国家工作人员，利用职务便利，挪用公款共计人民币60余万元，归个人使用，达到数额较大标准，超过3个月未归还。

而所谓犯罪构成要件，是使行为人承担刑事责任的根据。[①] 按照我国目前较为通行的传统观点，犯罪的成立要具备四个方面的构成要件，即犯罪主体、犯罪主观方面、犯罪客体、犯罪客观方面。[②] 简单来说，犯罪主

---

① 参见张明楷：《刑法学（上）》，法律出版社2016年版，第100页。

② 何秉松：《刑法教科书（上卷）》，中国法制出版社2000年版，第208页。

体是指犯罪由什么样的人实施，犯罪主观方面是犯罪时主观心理的状态，犯罪客体是指犯罪侵害了什么样的利益，犯罪客观方面是指在什么样的客观条件下，用了什么样的行为，使得客体受到了什么样的危害。[①] 在以上3个案例中，A、B、C三人的行为均利用了他们各自的职务上的便利，挪用公款，构成挪用公款罪，应依法予以惩处。为了进一步了解和明确，我们将在此部分深入分析挪用公款罪的构成要件。

（一）犯罪主体

本罪的犯罪主体是特殊主体，即国家工作人员。挪用公款罪中的国家工作人员基本与贪污罪的国家工作人员意思相同，包括在国家机关中从事公务的国家工作人员；在国有公司、企事业单位和人民团体中从事公务的人员；受国有单位委派到非国有单位中从事公务的人员；其他依照法律从事公务的人员等。3个案例中的行为人均属于国家工作人员。[②] 须注意的是，在共犯语境下，非国家工作人员也有构成此罪的可能性，具体我们将在下一部分进行详细说明。

（二）犯罪的主观方面

本罪在主观方面是直接故意，即行为人明知款项是公款而故意将其挪作他用，其犯罪目的是暂时非法取得公款的使用权。[③] 也就是说，本罪要求行为人并没有永久性地非法占有公款的目的，否则将不构成本罪，可能

---

① 何秉松：《刑法教科书（上卷）》，中国法制出版社2000年版，第208页。

② 参见《刑法》第九十三条的相关规定。

③ 参见刘家琛：《新刑法常用罪认定与处理（下册）》，人民法院出版社1998年版，第1499~1500页。

涉及其他罪名。此罪主观方面所对应的犯罪动机比较多样，如案例一中的赌博，案例二中的投资理财，案例三中的个人家庭生活等，但并不影响该罪的成立。

（三）犯罪客体

关于本罪的犯罪客体，目前理论界争议较大，有观点认为本罪侵犯的客体，主要是公共财产的所有权或占有使用收益权，同时在一定程度上也侵犯了国家的财经管理制度。[①] 另外，本罪规定在贪污贿赂罪当中，因此，许多观点也认为本罪侵犯了国家廉政建设制度。[②] 实践中该罪犯罪客体主要映射在该罪的犯罪对象之上，因此我们将在下一部分对该罪的犯罪对象进一步明确。

（四）犯罪的客观方面

本罪的客观方面表现为三种情形，分别对应我们所举的3个案例。即行为人利用职务上的便利，挪用公款归个人使用，进行非法活动，对应案例一；或者利用职务上的便利，挪用公款归个人使用，数额较大，进行营利活动，对应案例二；或者利用职务上的便利，挪用公款归个人使用，数额较大，超过3个月未还，对应案例三。具体来看，第一种情形的定罪，没有数额较大和时间上的要求，第二种情形要求了数额较大，但没有时间上的要求，也无须行为人确实达成了营利的目的。第三种情形要求数额较

① 参见陈正云:《经济犯罪的刑法理论与司法适用》，中国方正出版社1998年版，第769页。

② 参见周振想、韩哲:《关于挪用公款罪犯罪客体的探讨》，载《国家检察官学院学报》2003年第4期，第37页。

大且 3 个月未还，此处所指的应当是排除前两种情形的情况，即挪用公款用于非法活动或营利活动以外的用途的，才能归于此种情形。

因此本罪的三种情形成立有不同的要求，需要区分具体案例情况进行对应，才能判断是否构成犯罪。特别注意，在案例三中，C 于 2014 年、2015 年挪用的公款，直到 2016 年 8 月才归还，显然已经符合了 3 个月未还的时间要求。

综上，A、B、C 三人的行为均符合挪用公款罪的主体、主观方面、客体、客观方面四个构成要件的要求，其行为构成挪用公款罪。接下来一部分，我们将单独选取几个涉及该罪的疑难问题进一步为大家分析阐述。

知识拓展

（一）公款

“公款”是该罪侵犯的对象，但这里公款的含义不应该做机械的理解。一方面，公款并不仅仅是“款”，它既包括货币，也包括有价证券和特定款物。另一方面，除了传统意义上的由国家、集体所有的货币资金之外，由国家管理、使用、运输、汇兑与储存过程中的私人所有的货币也属于这里的“公款”。根据法条的规定，用于救灾、抢险、防汛、优抚、扶贫、移民、救济的特定款物也属于“公款”。[①] 此外，非国有金融机构本单位的资金及本单位客户的资金，非国有公司、企业、其他单位的资金，在一定条件下也可以成为本罪侵犯的对象。[②]

---

① 参见《刑法》第三百八十四条的相关规定。

② 参见《刑法》第一百八十五条、第二百七十二条的相关规定。

（二）挪用人与使用人

如果是在非共同犯罪的语境下，本罪的犯罪主体将被限定为国家工作人员。但是在共同犯罪中却不限于此。实践中，所谓的“挪用公款归个人使用”包括三种情形：一是将公款供本人、亲友或其他自然人使用的；二是以个人名义将公款供其他单位使用的；三是个人决定以单位名义将公款供其他单位使用，谋取个人利益的。[①]概括这三种情况，可以认为除了本人挪用、本人使用这种最简单的情形之外，本罪还存在挪用人与使用人不一致的情形，此处将使用人做广泛理解，也就是说，使用人应当包含自然人与单位。当挪用人与使用人不一致的时候，由于客观方面的三种情形要求不同，因此如果挪用人不知道使用人利用公款进行非法活动，存在认识上的错误，那么只能根据营利活动或者归个人使用的要求来进行处罚。如果挪用人明知使用人是用公款进行非法活动或者营利活动，则按照对应情形对挪用人进行处罚。

（三）职务便利

挪用公款罪中的“利用职务上的便利”是指行为人利用职务所形成的主管、管理、经手公款的便利条件。[②]这里需要注意的是，所谓的“便利条件”需是基于职务所形成的。如果不属于职权范围或者业务范围之内的行为，而仅仅是通过工作获得的一种便利条件，如方便接近公款或容易取得他人信任等，则不属于利用职务上的便利。如不符合这一条件，那么不论之后的行为对应三种情形的哪一种，这样的行为都不能构成本罪，可能涉及其他犯罪。

---

① 参见全国人民代表大会常务委员会《关于〈中华人民共和国刑法〉第三百八十四条第一款的解释》的相关规定。

② 参见高铭暄、马克昌：《刑法学》，中国法制出版社 1999 年版，第 1130 页。

（四）能否归还

在挪用公款罪上，能否归还有两个层面的意思，一是主观上有无还款意思，二是客观上能否归还。从主观上来看，在挪用时行为人主观上就应当有还款的意思，也就是我们在犯罪的主观方面部分所分析的，行为人不能有永久性地非法占有公款的目的，否则不构成本罪，可能构成其他犯罪。从客观上来看，如果是第一种或第二种情形，那么行为人客观上是否归还并不影响该罪的定罪。如果是第三种情形，即一般的挪用公款归个人使用，必须是超过3个月未还的，才能构成挪用公款罪。

普法提示

（一）相关法律法规

通过以上的分析，相信大家对于挪用公款罪已经有了较为全面的了解，现在我们来总结看一下这三个案例所涉及的相关法律法规。

1.《中华人民共和国刑法》

第三百八十四条 国家工作人员利用职务上的便利，挪用公款归个人使用，进行非法活动的，或者挪用公款数额较大、进行营利活动的，或者挪用公款数额较大、超过三个月未还的，是挪用公款罪，处五年以下有期徒刑或者拘役；情节严重的，处五年以上有期徒刑。挪用公款数额巨大不退还的，处十年以上有期徒刑或者无期徒刑。

挪用用于救灾、抢险、防汛、优抚、扶贫、移民、救济款物归个人使用的，从重处罚。

2.《最高人民法院关于审理挪用公款案件具体应用法律若干问题的解释》

第一条 刑法第三百八十四条规定的“挪用公款归个人使用”，包括挪用者本人使用或者给他人使用。

挪用公款给私有公司、私有企业使用的，属于挪用公款归个人使用。

第二条 对挪用公款罪，应区分三种不同情况予以认定：

（一）挪用公款归个人使用，数额较大、超过三个月未还的，构成挪用公款罪。

挪用正在生息或者需要支付利息的公款归个人使用，数额较大，超过三个月但在案发前全部归还本金的，可以从轻处罚或者免除处罚。给国家、集体造成的利息损失应予追缴。挪用公款数额巨大，超过三个月，案发前全部归还的，可以酌情从轻处罚。

（二）挪用公款数额较大，归个人进行营利活动的，构成挪用公款罪，不受挪用时间和是否归还的限制。在案发前部分或者全部归还本息的，可以从轻处罚；情节轻微的，可以免除处罚。

挪用公款存入银行、用于集资、购买股票、国债等，属于挪用公款进行营利活动。所获取的利息、收益等违法所得，应当追缴，但不计入挪用公款的数额。

（三）挪用公款归个人使用，进行赌博、走私等非法活动的，构成挪用公款罪，不受"数额较大"和挪用时间的限制。

挪用公款给他人使用，不知道使用人用公款进行营利活动或者用于非法活动，数额较大、超过三个月未还的，构成挪用公款罪；明知使用人用于营利活动或者非法活动的，应当认定为挪用人挪用公款进行营利活动或者非法活动。

3.《全国人民代表大会常务委员会关于〈中华人民共和国刑法〉第三百八十四条第一款的解释》

有下列情形之一的，属于挪用公款"归个人使用"：

（一）将公款供本人、亲友或者其他自然人使用的；

（二）以个人名义将公款供其他单位使用的；

（三）个人决定以单位名义将公款供其他单位使用，谋取个人利益的。

4.《最高人民法院、最高人民检察院关于办理贪污贿赂刑事案件适用法律若干问题的解释》

第五条 挪用公款归个人使用，进行非法活动，数额在三万元以上的，应当依照刑法第三百八十四条的规定以挪用公款罪追究刑事责任；数额在三百万元以上的，应当认定为刑法第三百八十四条第一款规定的“数额巨大”。具有下列情形之一的，应当认定为刑法第三百八十四条第一款规定的“情节严重”：

（一）挪用公款数额在一百万元以上的；

（二）挪用救灾、抢险、防汛、优抚、扶贫、移民、救济特定款物，数额在五十万元以上不满一百万元的；

（三）挪用公款不退还，数额在五十万元以上不满一百万元的；

（四）其他严重的情节。

第六条 挪用公款归个人使用，进行营利活动或者超过三个月未还，数额在五万元以上的，应当认定为刑法第三百八十四条第一款规定的“数额较大”；数额在五百万元以上的，应当认定为刑法第三百八十四条第一款规定的“数额巨大”。具有下列情形之一的，应当认定为刑法第三百八十四条第一款规定的“情节严重”：

（一）挪用公款数额在二百万元以上的；

（二）挪用救灾、抢险、防汛、优抚、扶贫、移民、救济特定款物，数额在一百万元以上不满二百万元的；

（三）挪用公款不退还，数额在一百万元以上不满二百万元的；

（四）其他严重的情节。①

---

① 这里需要注意的是，由于此解释是2016年发布的，因此要根据案件的具体情况判断是否适用于具体案例当中。

（二）犯罪预防提示

挪用公款罪是司法实践中发案率较高的罪名之一，近年来，该罪呈现涉案金额高，挪用行为方式复杂的特点，且涉及许多大案要案。这些案件给国家财产造成了严重的损失，也对国家廉政制度建设造成了巨大的不良影响。一些人身为国家工作人员，不仅没有坚守法律底线，反而利用其手中所掌握的权力，挪用公款，最终走上了违法犯罪的道路。通过以上的分析，针对这个罪名，从以下三个方面跟大家分享几点思考。

首先，要坚守职业道德，正确认识、正确行使职权。挪用公款罪是国家工作人员对权力的滥用和亵渎，是权力运行过程中发生的异化和失控。因此，从根本上来看，只有国家工作人员自身正确认识权力，正确行使权力，从个人坚守职业道德开始做起，同时加强单位内部的管理和监督，完善相关规章制度，才能最大限度地避免违法犯罪行为的发生。

其次，要树立正确的金钱观念，抵制诱惑。作为国家工作人员，要坚决拒绝赌博、吸毒、走私等非法活动。对于投资理财、股票等营利活动，要遵循适度原则，严守底线，绝对不能挪用公款。对于自身的工作和生活要有正确的认识，做到清正廉洁、艰苦朴素，不能攀比收入或贪图享受。只有抵制住诱惑，才能作出正确的选择。

最后，要加强对法律的学习，坚持原则。国家工作人员要将学法、懂法、用法延伸到日常生活当中，做到警钟长鸣。许多案例中的行为人都是在一开始存在着侥幸心理，觉得短时间的挪用行为或许不会被发现，即使发现了也不会受到多么严重的处罚。一方面，要明确知晓什么样的行为是违法犯罪的行为。另一方面，在任何情况下，都不能做违法犯罪的事情。

案例四

私分国有资产罪

——罪名分析与犯罪预防

孙皓宇[1]

私分国有资产罪是《刑法》第八章规定的贪污贿赂类犯罪的一种，是新型的职务犯罪案件。近年来，由于错误观念的影响和认识上误区的存在，涉及该罪的案件出现了上升的势头。这类犯罪往往通过某些形式掩盖犯罪的行为和目的，具有一定的隐蔽性，因此对其的解释工作就更显重要。本讲将通过一个案例深入分析该罪名，并从相关法律法规和犯罪预防的角度，给出相应的普法提示。

案情回顾[2]

A于2014年8月起任某局局长、党支部委员，2016年被免去局长职务。B于2011年2月起任某局党支部委员、书记，2011年3月起任某局局长，2014年8月被免去局长职务。C于2005年起任某局党支部委员、副科级纪检监察员。D于2011年起任某局党支部委员、主任科员，2015年被免去主任科员职务。E于2011年起任某局副局长、党支部委员。F于2013

---

① 北京市西城区人民法院刑二庭法官助理。

② 本讲所引的案例，均以中国裁判文书网上公开的生效裁判文书为基础。

年起任某局副局长、党支部委员。G于2008年起任某局支部委员。

2011年至2016年，A、B、C、D、E、F、G在某局任职期间，经集体研究决定套取国有资金，并将部分套取的资金以单位的名义，以“福利”的方式发放给全局干部职工。其具体犯罪事实如下：

（1）2011年下半年，B、C、D、E、G经集体研究，决定以虚列办公用品、会议等名义套取办公经费、会议费等共计人民币3万余元；以扶持名义，套取资金人民币12万元，并用该12万元购买价值人民币12万余元的购物券。

2011年年底至2012年年初，B、C、D、E、G经集体研究，决定将上述套取的部分资金按照每人人民币1000元、购物券3000元的标准发放给全局30余名干部职工，并以每人人民币1000元的标准于2012年年初发放给在职的20余名干部职工，数额共计人民币15万元。

（2）2012年下半年，B、C、D、E、G经集体研究，决定从项目中套取资金以解决局办公经费不足和年底干部福利问题。同年11月，通过两个项目分别套取资金人民币12万元、人民币10万余元。同年年底，B、C、D、E、G经集体讨论，决定以虚列办公用品、会议等名义套取办公经费、会议费等共计人民币8万余元；以扶持名义，套取资金人民币10万元，并用该10万元购买价值10万余元的购物券。

2012年年底至2013年年初，B、C、D、E、G经集体研究，决定将上述套取的部分资金按照每人人民币4500元、购物券3000元的标准发放给全局30余名干部职工，数额共计人民币24万余元。

（3）2013年下半年，B、C、D、E、F、G经集体研究，决定从项目中套取部分资金以解决局办公经费不足和年底干部福利问题，同年10月和12月，套取资金人民币29万余元；同年年底，B、C、D、E、F、G经集体研究，决定以虚列办公用品的名义套取人民币1万余元；以扶持名义，套取资金人民币13万元，并用该13万元购买价值人民币13万余元的购物券。

2013年年底至2014年年初，B、C、D、E、F、G经集体研究，决定将上述套取的部分资金按照每人人民币4000元、购物券3000元的标准发放给全局30余名干部职工，以每人人民币1000元的标准于2014年年初发放给在职的20余名干部职工，数额共计人民币25万余元。

（4）2014年下半年，A、C、D、E、F、G经集体研究，决定从项目中套取部分资金以解决局办公经费不足和年底干部福利问题。同年11月，套取资金人民币43万余元。2014年年底，A、C、D、E、F、G经集体研究，决定以虚列办公用品、会议等名义套取办公经费、会议费结余等共计人民币12万余元；以扶持名义，套取资金人民币13万元，并用该13万元购买价值人民币13万余元的购物券。

2014年年底至2015年年初，A、C、D、E、F、G经集体讨论，决定将上述套取的部分资金按照每人人民币2万元、购物券3000元的标准发放给全局10余名干部职工，以人民币3000元的标准于2015年年初发放给在职的20名干部职工，数额共计人民币49万余元。

（5）2015年下半年，A、C、D、E、F、G经集体研究，决定从项目中套取部分资金以解决局办公经费不足和年底干部福利问题。2015年11月和2016年1月，套取资金人民币40万元。2015年年底，A、C、D、E、F、G经集体研究，决定以虚列会议费等名义，套取人民币7万余元。

2015年年底，A、C、D、E、F经集体讨论，决定将上述套取的部分资金按照每人人民币3万元的标准发放给6名班子成员，以每人人民币1万元的标准发放给该局其他10余名在职干部职工，数额共计人民币30余万元。

综上，A参与集体决策私分数额共计人民币80余万元，个人实得人民币5万余元；B参与集体决策私分数额共计人民币60余万元，个人实得人民币2万余元；C参与集体决策私分数额共计人民币140余万元，个人实得人民币7万余元；D参与集体决策私分数额共计人民币140余万元，个人实得人民币7万余元；E参与集体决策私分数额共计人民币140余万元，个人实得人民币7万余元；F参与集体决策私分数额共计人民币100余万元，个人实得人民币6万余元；G参与集体决策私分数额共计人民币110余万元，个人实得人民币7万余元。

法理分析

在这个案例中，共有7个参与人，具体的犯罪事实有5笔。为了更好地判断A、B、C、D、E、F、G的行为性质，我们先对这个案例中行为人的行为进行简单的分析。

案例当中，A、B、C、D、E、F、G在担任某局领导期间，违反国家规定，集体研究决定套取国有资金，且以单位名义将套取的国有资产私分给个人，其行为均已构成私分国有资产罪，且系共同犯罪。其中，A与C、D、E、F、G构成共同犯罪，就第4、5笔犯罪事实共同承担责任。B与C、D、E、F、G构成共同犯罪，就第1、2、3笔犯罪事实共同承担责任。这是与A、B两人的任职时间相对应的。

而所谓犯罪构成要件，是使行为人承担刑事责任的根据，它是划分罪与非罪、此罪与彼罪的标准。[①]简单来说，某行为只有符合某罪的构成要件，才能构成该罪。按照我国目前较为通行的传统观点，犯罪的成立要具备四个方面的构成要件，即犯罪主体、犯罪主观方面、犯罪客体、犯罪客观方面。[②]通过以上的案例及简要分析，相信大家对私分国有资产罪已经有了大概的认识，能够知道什么样的行为可能涉及这一罪名。但为了使大家对该罪名更为了解，我们将进一步分析该罪的构成要件。

---

① 参见张明楷：《刑法学（上）》，法律出版社2016年版，第100页。

② 何秉松：《刑法教科书（上卷）》，中国法制出版社2000年版，第208页。

（一）犯罪主体

由于私分国有资产罪要求以单位名义实施，因此在实践中往往表现为集体研究、共同决定等形式。故而通说认为，本罪系纯正的单位犯罪，即只能由单位作为犯罪主体。[①] 这里所指的“单位”包括法条中所列举的国家机关、国有公司、企业、事业单位、人民团体。但由于本罪并不是为单位谋取利益，因此根据法律的规定，该罪只处罚直接负责的主管人员和其他直接责任人员。故而在上述案例中，并不将某局列为该案被告单位，而只处罚A、B、C、D、E、F、G 7个自然人。

（二）犯罪的主观方面

本罪在犯罪的主观方面是直接故意犯罪，即必须明知是国有资产，在没有法定依据的情况下具备了非法占有的故意，将其私分。也就是说，如果是疏忽大意或其他情况下的误分，不能构成本罪，如果情节严重的，可能涉及渎职类犯罪。在本案中，每一次的私分都由几名单位领导作为参与人共同研究决定，几人均为明知，形成合意的过程也符合单位意志形成的程序。而共同犯罪，也明确要求必须是二人以上的故意共同犯罪，本案符合私分国有资产罪和共同犯罪在主观方面的要求。

（三）犯罪客体

关于私分国有资产罪的犯罪客体，理论界存有争议，由于私分国有资产罪规定在《刑法》第三百九十六条第一款，属于第八章贪污贿赂罪中的

---

① 参见何秉松:《刑法教科书（下卷）》，中国法制出版社 2000 年版，第 1131~1132 页。

一个罪名。而国家廉政建设制度是第八章共同侵犯的犯罪客体，因此目前的通行观点认为本罪既侵犯了国有资产的管理制度及国有资产所有权，又侵犯了国家廉政建设制度。

（四）犯罪的客观方面

本罪客观方面表现为，行为人违反国家规定，以单位名义将国有资产集体私分给个人，数额较大的，构成本罪。本案中，A、B、C、D、E、F、G在某局任职期间，违反相关规定，多次采用套取资金、虚列开支等方式，以单位的名义将明知是国有资产的资金用奖金、福利等形式私分给局内的干部职工，数额达到较大标准。其行为符合该罪的客观方面。

综上，A、B、C、D、E、F、G 7人的行为均符合私分国有资产罪的主体、主观方面、客体、客观方面四个犯罪的构成要件，其行为均构成私分国有资产罪，且符合共同犯罪的要求。对于客观方面，由于涉及的问题较多，所以我们单独选取几个重要知识点进一步进行分析。根据该罪客观方面的表现，主要涉及违反国家规定、以单位名义、国有资产、私分给个人、直接负责的主管人员及其他直接责任人员这几个方面。

知识拓展

（一）违反国家规定

违反国家规定是私分国有资产罪成立的前提条件，如果行为人的行为是遵循国家规定的，显然不属于犯罪。而此处，对于违反国家规定的理解，不能过于机械，需要相应地扩大。也就是说，只要违反有关国有资产保护的相关规定，就应视为违反国家规定。

（二）以单位名义

以单位名义即私分国有资产罪作为一种单位犯罪，在主观上体现为一种单位的集体意志而非简单的个人意志。另外，“私分”这种行为从表面上看具有公开性，发放的理由也往往是奖金、津贴、补助等看似合法的名义。这里所称的“单位集体意志”，所提出的并非人数上的要求，即便单位只有一个负责人，只要其行为是单位意志层面的而非个人意志层面的决策，即可被视为单位意志。因此，在实践中，以单位名义往往表现为几种情况，可以是由单位享有决策权的负责人直接决定，也可以是单位的决策机构集体研究决定，或者经单位全体人员共同商议决定等。①

（三）国有资产

犯罪客体在实践中映射为犯罪对象，私分国有资产罪的犯罪对象即国有资产。需要注意的是，国有资产并不仅仅限定为国有资金，其所指向的是一种经济资源，除资金外，还可能表现为投资及投资收益、拨款等多种形态。②事实上，发放奖金、福利、津贴等必须按照有关规定进行。而套取的资金、虚列的开支、被截留的应上缴收入，属于国有资产的范畴，将这些资产私分下去是不被允许的。另外，对于国有资产所产生的收益、利润等，都应被视为国有资产，不能被私分。

---

① 参见陈小彪、万丹：《论单位犯罪中“单位整体意志”及其司法认定》，载《法律适用》2005 年第 11 期，第 41~43 页。

② 参见财政部 2006 年 5 月 30 日发布的《事业单位国有资产管理暂行办法》。

（四）私分给个人

这里所称的“个人”，并不是指向特定的某些人，也不能简单将其理解为单位的全体人员或者绝大部分人员。也就是说，所谓的“个人”，其人数的多少、在单位所占的比例都不能作为标准来判断是否构成该罪。而此处的“个人”，只需具有一种相对的广泛性即可。在实践中，一般是将国有资产私分给单位的全体人员或部分人员。分配时，可能是平均分配，也可能是有选择、有标准的进行分配。直接负责集体私分的主管人员和其他直接责任人员，是否包含在“个人”的范畴之内，或者分得数额的大小，不影响本罪的成立。在本案中，A、B、C、D、E、F、G 7 人作为班子成员，其在五笔犯罪事实中分配的对象每次不同，有几乎涵盖全局职工的情况，有选择部分人员的情况，也有单独分配给班子成员的情况，但这些具体情况均不影响犯罪的成立。而数额上，几人实际分得的数额也并不影响其参与私分的数额，应当对两个数额进行分别计算。

（五）直接负责的主管人员及其他直接责任人员

直接负责的主管人员，是在单位起决定、批准、授意、指挥等作用的人员，一般是单位的主管负责人。① 其他直接责任人员，是除主管人员外，在单位起较大作用的人员，既可以是单位的经营管理人员，也可以是单位的其他职工。② 由于本案是单位犯罪，因此对于受领导指派或奉命参与的人员，要区别情况具体分析对待，如果有积极主动实施或协助、出谋划策、

---

① 参见最高人民法院印发的《全国法院审理金融犯罪案件工作座谈会纪要》（法〔2001〕8号）。

② 参见最高人民法院印发的《全国法院审理金融犯罪案件工作座谈会纪要》（法〔2001〕8号）。

主动建议等表现，可被认定为主观上具有直接故意的人员，应当归为此类；对于不属于这两类的单位其他分得国有资产的职工或人员，实践中一般采取追缴赃款的方式来进行处理，不再追究其刑事责任。[①]

普法提示

（一）相关法律法规

通过以上的分析，相信大家对于私分国有资产罪已经有了较为全面的了解，现在我们来总结看一下这个案例所涉及的相关法律法规。

1.《中华人民共和国刑法》

第二十五条 共同犯罪是指二人以上共同故意犯罪。

二人以上共同过失犯罪，不以共同犯罪论处；应当负刑事责任的，按照他们所犯的罪分别处罚。

第三百九十六条第一款 国家机关、国有公司、企业、事业单位、人民团体，违反国家规定，以单位名义将国有资产集体私分给个人，数额较大的，对其直接负责的主管人员和其他直接责任人员，处三年以下有期徒刑或者拘役，并处或者单处罚金；数额巨大的，处三年以上七年以下有期徒刑，并处罚金。

2.《最高人民检察院关于人民检察院直接受理立案侦查案件立案标准的规定（试行）》

私分国有资产罪是指国家机关、国有公司、企业、事业单位、人民团

① 参见最高人民法院印发的《全国法院审理金融犯罪案件工作座谈会纪要》（法〔2001〕8号）。

体，违反国家规定，以单位名义将国有资产集体私分给个人，数额较大的行为。

涉嫌私分国有资产，累计数额在10万元以上的，应予立案。

（二）犯罪预防提示

私分国有资产罪是在经济社会快速发展的背景之下，为防止国有资产流失而增设的罪名。通过以上分析，相信大家对于私分国有资产罪这个罪名和为什么案例中的行为人构成该罪名都有了明确的认识。根据案例内容，A、B在案发期间先后担任某局局长，作为单位“一把手”，在集体决策中起决定作用。C、D、E、F、G作为时任的班子成员，有的负责纪检，有的分管业务，却全部参与到了私分活动当中来，以集体研究的方式，对国有资产决定私分并予以发放。司法实践中，与之类似的案例时有发生。通过案例和本章的探讨，我们要认真总结，吸取教训，下面跟大家分享几点思考。

首先，国有资产不可侵犯。对于单位来说，如何发放绩效工资、奖金、补贴、津贴等都有明确的规定和正规的程序。以提高员工福利等理由或借口，违反国家相关规定，将国有资产进行私分，是非常严重的腐败行为。这种“损公肥私”的做法，造成了国有资产的大量流失。行为人的相关行为违反了法律的规定，更可能涉及刑事犯罪。在日常工作当中，要树立正确的认识，不要认为私分行为是为大家着想，更不能认为自己少分或者不分就不涉及犯罪。任何代表国家经手、经营、管理、处分、使用国有资产的人员都应该正确运用手中的权力，谨慎遵守相关规定，恪尽职守、廉洁奉公，不仅应该保护国家对国有资产的所有权，还应当保障自身的职务廉洁性，维护群体声誉，从自身做起，树立在人民群众中的威信，维护国家廉政建设制度。

其次，“集体决策”不能成为替犯罪行为开脱的理由。由于私分国有资产罪是单位集体意志下支配的故意行为，相较于一般的贪污贿赂犯罪来说，具有公开性、广泛性和形式上的“合法性”。因此很多人对于此类犯罪没有引起足够的重视。往往认为领导班子、负责人决定了，或单位全体人员商讨了，就和自己无关了。事实上，私分国有资产罪的立法目的正是惩治这种“集体腐败”的现象，加强对国有资产的保护。通过相关法律法规我们可以看出，“违反国家规定”和“私分国有资产给个人”是该罪的两个要点。而之前的分析中我们也提到，“单位集体意志”是本罪客观方面的表现。因此，即使像本案中一样，班子成员全部知晓且同意，分配人员涵盖全局，依然不影响本罪的成立。

最后，法律面前不允许任何违法的“惯例”或“潜规则”存在。所谓的“惯例”或“潜规则”即使普遍存在，也并不能作为违法犯罪的借口。在本案中，从2011年B任局长开始，经历了2014年A继任局长，直到2016年本案案发，每年年底或第二年年初某局都要通过类似的方式发放所谓的“福利”，其中包括现金、购物券等形式，名目众多，分发对象几乎涵盖全局干部职工，这似乎已经成为某局内部一种通行的做法。从领导到普通干部员工，都已经默认了这种行为，但这并不代表这种违法行为就能变得合法。“法网恢恢，疏而不漏。”任何做法和行为，都要遵循法律的规定，不能存在任何侥幸心理，否则终将受到法律的制裁。

图书在版编目（CIP）数据

国家工作人员法律常识案例读本 / 蔡慧永，刘双玉主编. —北京：中国法制出版社，2019.8

（法官说法丛书）

ISBN 978-7-5216-0379-8

Ⅰ. ①国… Ⅱ. ①蔡… ②刘… Ⅲ. ①法律—基本知识—中国 Ⅳ. ①D920. 5

中国版本图书馆CIP数据核字（2019）第147187号

责任编辑：戴　蕊（dora6322@sina.com）

李宏伟（lhwstc@163.com）　　封面设计：周黎明

国家工作人员法律常识案例读本

GUOJIA GONGZUO RENYUAN FALÜ CHANGSHI ANLI DUBEN

主编 / 蔡慧永　刘双玉

经销 / 新华书店

印刷 / 三河市国英印务有限公司

开本 / 710毫米×1000毫米　16开　　印张 / 13.75　字数 / 200千

版次 / 2019年8月第1版　　2019年8月第1次印刷

中国法制出版社出版

书号ISBN 978-7-5216-0379-8　　定价：39.80元

北京西单横二条2号　邮政编码100031　　传真：010-66031119

网址：http://www.zgfzs.com　　编辑部电话：010-66054900

市场营销部电话：010-66033393　　邮购部电话：010-66033288

（如有印装质量问题，请与本社印务部联系调换。电话：010-66032926）